Nelson Cole

El Secreto de la Realización
El Lenguaje Secreto de la Cabalá

Título Original: Cabala - O Mapa Espiritual do Universo
Copyright © 2025, publicado por Luiz Antonio dos Santos ME.

Este libro es una obra de no ficción que explora prácticas y conceptos en el campo de la espiritualidad y la tradición cabalística. A través de un enfoque integral, el autor ofrece herramientas prácticas para comprender el universo y la esencia del alma, basadas en los principios de la Cabalá.

1ª Edición
Equipo de Producción
Autor: Nelson Cole
Editor: Luiz Santos
Portada: Studios Booklas / Alejandro Gómez
Consultor: Ricardo Fernández
Investigadores: Mariana López / Andrés Ortega / Sofía Méndez
Diagramación: Esteban Navarro
Traducción: Manuel Rodríguez

Publicación e Identificación
El Secreto de la Realización - El Lenguaje Secreto de la Cabalá
Booklas, 2025
Categorías: Espiritualidad / Tradición Mística
DDC: 296.16 - **CDU:** 296.7
Todos los derechos reservados a:
Luiz Antonio dos Santos ME / Booklas
Ninguna parte de este libro puede ser reproducida, almacenada en un sistema de recuperación o transmitida por cualquier medio — electrónico, mecánico, fotocopia, grabación u otro — sin la autorización previa y expresa del titular de los derechos de autor.

Contenido

Índice Sistemático 4
Prólogo 10
Capítulo 1 Introducción a la Cabalá.. 13
Capítulo 2 El Árbol de la Vida y las Diez Sefirot........................ 23
Capítulo 3 La Dualidad y la Unidad en el Sistema Cabalístico .. 34
Capítulo 4 Los Cuatro Mundos de la Cabalá 45
Capítulo 5 El Papel de los Nombres Divinos en la Cabalá 56
Capítulo 6 Ángeles y Demonios en la Cabalá............................ 67
Capítulo 7 El Alma en la Cabalá Nefesh, Ruach, Neshamá 79
Capítulo 8 El Tikún Olam 90
Capítulo 9 La Reencarnación en la Cabalá 102
Capítulo 10 El Lenguaje Secreto de la Cabalá Gematría.......... 114
Capítulo 11 El Mal y el Libre Albedrío en la Cabalá 126
Capítulo 12 La Curación Cabalística y las Sefirot 133
Capítulo 13 Cabalá y Psicología: La Integración del Ego 145
Capítulo 14 El Camino del Justo: El Tzadik en la Cabalá 157
Capítulo 15 La Sabiduría Oculta de los Salmos 169
Capítulo 16 Cabalá y el Ciclo de las Fiestas Judías 183
Capítulo 17 El Poder de las Letras Hebreas.............................. 194
Capítulo 18 La Cabalá y los Sueños 206
Capítulo 19 Teshuvá en la Cabalá... 220
Capítulo 20 Cabalá y el Papel de la Mujer................................ 233
Capítulo 21 El Zohar: El Libro del Esplendor 245
Capítulo 22 Cabalá y la Prosperidad Material 256

Capítulo 23 Los 72 Nombres de Dios 268
Capítulo 24 La Cabalá y el Futuro 280
Capítulo 25 La Jornada Cabalística 291
Epílogo 302

Índice Sistemático

Capítulo 1: Introducción a la Cabalá – Presenta la Cabalá, su origen, sus textos fundamentales como el Zohar y el Sefer Yetzirah, y sus principios esenciales, incluyendo el Árbol de la Vida, las Sefirot y el concepto de Tikún Olam.

Capítulo 2: El Árbol de la Vida y las Diez Sefirot – Explica el Árbol de la Vida como un mapa espiritual, describiendo cada Sefirá (Keter, Chochmá, Biná, Da'at, Chesed, Guevurá, Tiferet, Netzach, Hod, Yesod, Malchut), sus funciones y su interconexión.

Capítulo 3: La Dualidad y la Unidad en la Cabalá – Analiza la interacción entre opuestos como luz y oscuridad, bien y mal, masculino y femenino, y cómo estas polaridades conducen a la unidad y el equilibrio espiritual.

Capítulo 4: Los Cuatro Mundos de la Cabalá – Expone los Cuatro Mundos (Assiyah, Yetzirah, Beriá, Atzilut), su estructura jerárquica, sus funciones en el plano espiritual y su influencia en el macrocosmos y el microcosmos.

Capítulo 5: El Poder de los Nombres Divinos – Explora la importancia de los Nombres Divinos como el Tetragrámaton (YHVH), Elohim y El Shaddai, y su aplicación en meditaciones, oraciones y prácticas cabalísticas para acceder a energías superiores.

Capítulo 6: Ángeles y Demonios en la Cabalá – Describe la función de los ángeles y demonios como intermediarios espirituales, su influencia en la vida humana y los métodos cabalísticos para invocar protección y disipar influencias negativas.

Capítulo 7: El Alma en la Cabalá: Nefesh, Ruach y Neshamá – Explica la estructura del alma según la Cabalá, sus tres niveles, su función en el crecimiento espiritual y las prácticas para su purificación y elevación.

Capítulo 8: Tikún Olam: La Misión de Corrección – Aborda el concepto de reparación del mundo, su origen en la "ruptura de las vasijas", el papel del ser humano en este proceso y las prácticas espirituales para la restauración del equilibrio cósmico.

Capítulo 9: La Reencarnación y el Karma en la Cabalá – Explora la doctrina cabalística de la reencarnación (Gilgul), su relación con la justicia divina y el Tikún Olam, y cómo el estudio del karma puede ayudar en la evolución espiritual.

Capítulo 10: La Gematría y el Lenguaje Secreto de la Cabalá – Introduce la Gematría como sistema de numerología cabalística, su método de asignación de valores numéricos a las letras hebreas y su uso en la interpretación de textos sagrados.

Capítulo 11: El Mal y el Libre Albedrío en la Cabalá – Examina la naturaleza del mal, la lucha entre el Yetzer Hará (inclinación al mal) y el Yetzer Hatov (inclinación al bien), y el papel del libre albedrío en la evolución espiritual.

Capítulo 12: Sanación Cabalística y Equilibrio Energético – Presenta la curación espiritual a través de las Sefirot, su aplicación en el bienestar físico y mental, y prácticas como meditaciones y el uso de los Nombres Divinos en la sanación.

Capítulo 13: Cabalá y Psicología: La Integración del Ego – Analiza la estructura del ego en el Árbol de la Vida y cómo su equilibrio es clave en el desarrollo espiritual, incluyendo la armonización de las tendencias del alma.

Capítulo 14: El Camino del Justo: La Figura del Tzadik – Explora el papel del Tzadik como guía espiritual en la Cabalá, su relación con el Tikún Olam y las cualidades que lo definen en la tradición cabalística.

Capítulo 15: La Sabiduría Oculta de los Salmos – Analiza los Salmos desde la perspectiva cabalística, su estructura mística, su uso en la sanación y protección, y su papel en la elevación espiritual.

Capítulo 16: La Cabalá y las Fiestas Judías – Examina la conexión entre la Cabalá y festividades como Rosh Hashaná, Yom Kipur, Pésaj y Shavuot, y su papel como portales de transformación espiritual.

Capítulo 17: El Poder de las Letras Hebreas – Aborda el significado místico de las letras hebreas, su papel en la creación del universo y su uso en meditaciones y prácticas cabalísticas.

Capítulo 18: La Cabalá y el Mundo de los Sueños – Explica la visión cabalística de los sueños como mensajes del mundo espiritual, su simbolismo y las técnicas para su interpretación y aplicación en la vida cotidiana.

Capítulo 19: La Teshuvá: El Camino del Arrepentimiento – Explora el proceso de Teshuvá como un retorno espiritual, sus etapas y su importancia en la transformación personal y la corrección del alma.

Capítulo 20: La Mujer en la Cabalá y la Shejiná – Examina el papel de la mujer en la Cabalá, su conexión con la Shejiná (presencia divina femenina) y sus prácticas espirituales esenciales en la tradición cabalística.

Capítulo 21: El Zohar: El Libro del Esplendor – Introduce el Zohar como el texto central de la Cabalá, su contenido y su método de estudio, y su impacto en la espiritualidad judía y la evolución del pensamiento cabalístico.

Capítulo 22: Cabalá y Prosperidad Material – Explora la relación entre la espiritualidad y la prosperidad, cómo la abundancia se considera una bendición y los principios cabalísticos para atraer equilibrio y bienestar.

Capítulo 23: Los 72 Nombres de Dios – Presenta los 72 Nombres de Dios, su origen en la Torá y su aplicación en la meditación y la práctica espiritual para canalizar energías divinas en la vida cotidiana.

Capítulo 24: La Cabalá y el Futuro de la Humanidad – Examina la visión cabalística del futuro, el concepto de la era mesiánica y la evolución espiritual global, destacando el papel del Tikún Olam en este proceso.

Capítulo 25: La Jornada Cabalística: Integración de las Enseñanzas – Reflexiona sobre el camino recorrido en el libro, resumiendo los conceptos clave y ofreciendo una guía práctica para aplicar la sabiduría cabalística en la vida diaria.

Prólogo

Imagínese, por un momento, al borde de un gran desfiladero, ante un vasto misterio. Siente la brisa suave, pero hay algo más profundo en el aire, algo invisible, pulsante, como si todo el universo estuviera a punto de susurrarle secretos. Este libro es la puerta a ese enigma, a una sabiduría que atraviesa los tiempos, una verdad que no puede ser dicha con palabras comunes, pero que resuena en los corazones de quienes buscan comprender lo que está más allá de la materia.

El conocimiento que está a punto de desvelar no es una mera lección de espiritualidad; es un mapa para su propio ser, para los misterios que duermen en el centro de su alma y en los rincones más distantes del cosmos. Imagine poder caminar por ese sendero antiguo, explorado por pocos, donde cada paso le acerca a una mayor comprensión de la vida y la existencia.

La Cabalá, la antigua tradición que está a punto de descubrir, no es un simple concepto esotérico. Es el código oculto que permea todas las cosas, desde la creación del universo hasta los misterios más íntimos de su propia alma. No se trata solo de un estudio intelectual; es un viaje de transformación. Cada palabra que lea aquí tiene el poder de despertar algo dormido dentro de usted, algo que resuena con la esencia de la existencia.

Permítase imaginar que todo lo que conoce, todo lo que ha experimentado, es solo la superficie. Debajo de esa superficie, hay una estructura, un patrón invisible, una interconexión de fuerzas divinas que mueve el universo y su propia vida. Este libro le dará las llaves para ver más allá de lo visible, para tocar lo intangible y, lo más importante, para transformarse.

Este texto no es solo una lectura; es una iniciación. Con cada página, será invitado a abrir nuevas puertas dentro de sí mismo. Prepárese para sumergirse en conceptos que desafiarán sus certezas, que le llevarán a repensar su propia visión del mundo. El Árbol de la Vida, los mundos espirituales, los ángeles, los nombres divinos — todos estos conceptos le serán revelados como piezas de un gran rompecabezas cósmico que, cuando se ensambla, revela una visión sorprendente y transformadora de la realidad.

Y, al adentrarse en este camino, recuerde que la Cabalá es más que solo teoría. Es práctica, es vida, es una forma de ver y sentir el mundo a su alrededor. Le enseñará que cada acto, cada pensamiento, cada intención lleva consigo una profundidad que se extiende más allá de lo que los ojos pueden ver. Será conducido a entender que el universo es una red de significados, y que su papel en este gran escenario cósmico es mucho más importante de lo que jamás imaginó.

En este momento, tiene en sus manos el poder de transformar su percepción. Pero la elección de continuar es suya. Si decide seguir adelante, prepárese para que sus convicciones sean desafiadas, para ser transportado a dimensiones de pensamiento que revelan el potencial dormido dentro de usted. Este libro es un portal a una nueva comprensión de la realidad, donde la oscuridad no es ausencia de luz, sino la invitación a descubrir el brillo oculto en las sombras.

Permítase, entonces, ser guiado. Deje que las palabras le envuelvan y le conduzcan por este viaje sagrado. La sabiduría de la Cabalá le espera — lista para revelar misterios antiguos y despertar en usted un deseo ardiente de más, de descubrir, de sentir, de ser. Este es su momento de cruzar el umbral y comenzar una nueva fase de su existencia. Las revelaciones sorprendentes están por venir. Despierte, y vea lo que hay más allá de lo que siempre creyó conocer.

Capítulo 1
Introducción a la Cabalá

La Cabalá, una tradición mística del judaísmo, es un vasto sistema que busca desvelar los secretos del universo y del alma humana. Su nombre deriva de la palabra hebrea *kabbalah*, que significa "recepción", aludiendo a la idea de que sus enseñanzas no son inventadas, sino recibidas. La Cabalá es entendida como una sabiduría transmitida a lo largo de generaciones, ofreciendo un camino para comprender las fuerzas divinas que permean la creación. Más que un simple estudio académico o teórico, la Cabalá es una práctica espiritual que busca transformar profundamente la percepción del individuo sobre la vida y la realidad.

El origen de la Cabalá se remonta a los antiguos místicos judíos que creían que Dios se reveló al mundo en capas de conocimiento. Cada capa necesita ser desvelada a través del esfuerzo espiritual y la meditación. Entre los textos más importantes que componen la base del pensamiento cabalístico están el Zohar, el "Libro del Esplendor", y el Sefer Yetzirah, el "Libro de la Creación". Estos escritos son considerados piezas centrales de la literatura mística, revelando una visión esotérica de la Biblia y de la creación del universo.

El Zohar, en particular, es una obra monumental que discurre sobre las fuerzas invisibles que operan en el mundo y la interacción entre Dios y la humanidad. Escrito en arameo, el Zohar presenta un comentario místico sobre la Torá (los cinco primeros libros de la Biblia) y abarca cuestiones como la naturaleza de Dios, la creación, el alma, el bien y el mal, además de rituales y prácticas espirituales profundas. Se ha convertido en la piedra angular para aquellos que buscan una comprensión más profunda de las enseñanzas de la Cabalá.

Otro texto fundamental, el Sefer Yetzirah, aborda la creación del universo desde una perspectiva lingüística y numérica. Describe cómo Dios habría usado las 22 letras del alfabeto hebreo para crear el cosmos y las diez Sefirot, que son las emanaciones divinas que componen la estructura del mundo. Este sistema numérico y lingüístico es central en la Cabalá, y la idea de que el alfabeto hebreo tiene poder creativo va más allá de la simple comunicación humana. Cada letra carga una esencia espiritual, una fuerza capaz de moldear la realidad.

La Cabalá ofrece un mapa espiritual, un diagrama de la creación que puede guiar al ser humano en su viaje de autoconocimiento y acercamiento a Dios. Este mapa es más conocido por el Árbol de la Vida, un diagrama que representa la interacción de las diez Sefirot mencionadas en el Sefer Yetzirah. Las Sefirot son descritas como emanaciones de la divinidad que reflejan diferentes aspectos de Dios y del universo. Cada una de estas emanaciones tiene un papel específico en la construcción del cosmos y en la relación entre el Creador y sus creaciones. En la práctica cabalística, el estudio y la meditación en las Sefirot ayudan a entender el camino de retorno a la unidad con lo divino, ya que cada una de ellas refleja una dimensión de la existencia y del alma humana.

La Cabalá no es solo una forma de estudiar el mundo divino, sino también un camino para entender la propia alma. El concepto de "alma" en la Cabalá es complejo y multidimensional, estando compuesta de diferentes niveles. La comprensión del alma permite al cabalista explorar su relación con Dios y el mundo. La Cabalá, por lo tanto, sirve como un puente entre lo divino y lo humano, revelando que el microcosmos (el alma individual) es una representación del macrocosmos (el universo divino). Al sumergirse en los misterios de la Cabalá, el individuo es llevado a reconocer su verdadera esencia y a alinearse con la voluntad divina.

Para los cabalistas, la creación del universo fue un acto de amor divino, en el cual Dios se contrajo, retirando parte de Su propia luz para dar espacio al mundo. Este proceso es conocido como *tzimtzum*, una retracción divina que permitió la creación. La luz divina que quedó fue entonces fragmentada en varias emanaciones y manifestaciones que dieron origen a todo lo que existe. La Cabalá enseña que el propósito del ser humano es descubrir esa luz escondida dentro de la creación y dentro de sí mismo, restaurando la armonía original que fue rota durante el proceso de creación.

Otro concepto central de la Cabalá es el de Ein Sof, el Dios infinito. Ein Sof representa el aspecto inalcanzable de Dios, más allá de cualquier comprensión humana. Dios, en la Cabalá, es visto como tanto trascendente como inmanente, lo que significa que, al mismo tiempo que está más allá de nuestra comprensión, Él también permea toda la creación. El estudio de la Cabalá es, en esencia, la búsqueda por comprender esta paradoja: ¿cómo lo divino puede estar en todo y, al mismo tiempo, más allá de todo?

La Cabalá ofrece una visión dinámica del universo. No se trata de un sistema estático de reglas, sino de un proceso continuo de creación y recreación. El papel de la humanidad en este proceso es vital. De acuerdo con las enseñanzas cabalísticas, cada ser humano tiene una misión en el mundo, una función en la reparación del universo, conocida como Tikun Olam, o "corrección del mundo". El objetivo es elevar la creación, ayudando a restaurar la unidad perdida entre lo divino y lo mundano. Al realizar actos de bondad, estudiar y meditar sobre las enseñanzas de la Cabalá, el individuo participa en esta gran misión.

Así, la Cabalá no es un sistema místico aislado. Se inserta en una tradición religiosa y espiritual que está profundamente conectada con la práctica cotidiana. Aunque a menudo se considera esotérica, sus principios tienen implicaciones prácticas que afectan la manera en que el cabalista ve e interactúa con el mundo. La búsqueda de autoconocimiento, el desarrollo del alma y la participación activa en la corrección del mundo son centrales para la vida del cabalista.

De esta forma, la Cabalá se presenta como un viaje de transformación. Desafía al individuo a mirar más allá de las apariencias, buscando lo divino en las profundidades del mundo y de sí mismo. A través del estudio de sus textos sagrados y de la práctica de sus meditaciones, el cabalista puede comenzar a desvelar los misterios de la creación y encontrar el camino de vuelta a la unidad con lo divino, recorriendo el mapa espiritual que la Cabalá ofrece como una guía segura para este viaje interior y universal.

La profundidad de las enseñanzas de la Cabalá va más allá de una simple comprensión intelectual; se trata de una sabiduría viva que permea todos los aspectos de la vida cotidiana. Al entender sus principios, el cabalista no solo se conecta con las verdades místicas, sino que también transforma su propia existencia. El conocimiento cabalístico es una invitación a la acción: cada pensamiento, palabra y acto reflejan el flujo divino y pueden ser un vehículo para la elevación espiritual.

A lo largo de los siglos, surgieron diversas escuelas de pensamiento dentro de la Cabalá, cada una con sus matices e interpretaciones de las enseñanzas sagradas. Estos diferentes enfoques amplían las posibilidades de aplicación de la Cabalá en la vida práctica. Dos de las principales vertientes son la Cabalá teórica y la Cabalá práctica. La primera, también conocida como *Kabbalat Iyyunit*, se enfoca en la comprensión de los sistemas metafísicos, como el Árbol de la Vida, las Sefirot y los Nombres Divinos. La segunda, llamada *Kabbalat Ma'asit*, incluye técnicas que utilizan el conocimiento de los Nombres Divinos, meditaciones y amuletos para influenciar el mundo espiritual y material.

Cada uno de estos enfoques atiende a diferentes necesidades y niveles de desarrollo espiritual. La Cabalá teórica, al diseccionar la complejidad de la creación y de las emanaciones divinas, invita al practicante a desarrollar una profunda conciencia de las fuerzas espirituales. Ya la Cabalá práctica ofrece herramientas concretas para alinear la voluntad humana con la voluntad divina. Aunque la tradición rabínica generalmente desaconseja el uso de técnicas de la Cabalá práctica por personas que aún no han alcanzado un elevado nivel de pureza espiritual, la combinación de estudio y práctica — cuando se realiza con respeto y responsabilidad — puede traer equilibrio entre el entendimiento teórico y la vivencia espiritual.

Uno de los pilares fundamentales de la Cabalá es la idea de que todo en el universo está interligado. Los cabalistas enseñan que el microcosmos (el ser humano) es un reflejo del macrocosmos (el universo). Esto significa que cada acción del individuo reverbera en toda la creación, influenciando el equilibrio de las fuerzas cósmicas. Este concepto se ejemplifica en la estructura de las Sefirot, las emanaciones divinas que permean todos los niveles de la existencia, tanto en el mundo espiritual como en el mundo físico. Cada Sefirá refleja un aspecto de Dios, de la creación y del alma humana, y el equilibrio entre estas emanaciones es fundamental para la armonía en el universo.

Entender el funcionamiento de las Sefirot y su impacto en la vida diaria es uno de los primeros pasos en la búsqueda espiritual de un cabalista. Estas emanaciones divinas no son entidades aisladas, sino parte de un sistema interconectado que refleja la unidad subyacente a todas las cosas. El ser humano es visto como un co-creador en este sistema. Al realizar acciones positivas, de acuerdo con los principios cabalísticos, el individuo contribuye a la armonización de las Sefirot y a la restauración de la armonía en el mundo. Por otro lado, acciones negativas pueden causar un desequilibrio en las emanaciones, generando caos y alejando al individuo de la luz divina.

Además de las Sefirot, otro concepto clave en la Cabalá es la idea de que cada persona posee una chispa divina dentro de sí, la cual está siempre conectada a la fuente infinita de Dios, el Ein Sof. Sin embargo, esta conexión puede ser oscurecida por los desafíos de la vida material y por los deseos egoístas. El objetivo espiritual de la Cabalá es ayudar al practicante a limpiar estas obstrucciones y a reconectarse con su verdadera esencia divina. Para ello, la práctica espiritual cabalística propone la meditación y la contemplación de las Sefirot, además de otros rituales que permiten al individuo elevar su conciencia y sintonizarse con la voluntad divina.

Una de las maneras por las cuales la Cabalá propone esta reconexión es a través del estudio del Zohar. El Zohar enseña que la creación no fue un evento único, sino un proceso continuo de revelación divina. El mundo que conocemos es solo una manifestación externa de una realidad mucho más profunda y compleja, que es accedida a través de la contemplación mística y de la práctica espiritual. Al estudiar el Zohar, el cabalista comienza a desvelar estos niveles ocultos de la realidad y a entender cómo la creación es sostenida por la luz divina en todos los momentos.

Dentro de lo cotidiano, la Cabalá se aplica de diversas formas, muchas veces de manera sutil. Una de las prácticas más accesibles y transformadoras es el concepto de *kavaná*, que se refiere a la intención consciente con la cual una persona realiza sus acciones. Según las enseñanzas cabalísticas, no es solo lo que se hace lo que importa, sino también el motivo detrás de la acción. Al traer intención espiritual a actividades mundanas, el individuo eleva hasta las menores acciones a la categoría de servicio divino. Por ejemplo, al recitar una bendición con plena conciencia de su significado y de su conexión con lo divino, el cabalista transforma el simple acto de comer en un ritual sagrado que repara y eleva la creación.

Otro aspecto vital de la Cabalá en la vida diaria es la búsqueda de equilibrio. Las Sefirot representan diferentes cualidades divinas — como misericordia, justicia, belleza y sabiduría — y el cabalista debe aprender a manifestar estas cualidades de forma equilibrada en su vida. La práctica de la Cabalá enseña que cada persona tiene la responsabilidad de alinear sus acciones con las energías de estas Sefirot, buscando un estado de armonía interna y externa. Por ejemplo, si una persona actúa con mucha severidad (asociada a la Sefirá de Guevurá), esto puede desequilibrar su vida y causar sufrimiento tanto para ella como para los otros. El camino cabalístico es el camino del equilibrio, donde misericordia y justicia son usadas en la medida correcta, generando una vida armoniosa.

Existen también diferencias notables entre las corrientes cabalísticas que surgieron a lo largo de la historia, especialmente entre la Cabalá de Safed, representada por figuras como el rabino Isaac Luria (conocido como el Ari), y la Cabalá más antigua y medieval. La Cabalá Luriánica, por ejemplo, introdujo conceptos como el *tzimtzum* (la retracción divina que permitió la creación), las "rupturas de los vasos" (el proceso de fragmentación de las Sefirot) y la idea del Tikun Olam, el esfuerzo colectivo para reparar el mundo fragmentado. Estos conceptos dieron a la Cabalá una nueva dimensión práctica, enfocada en el papel activo del ser humano en la restauración del orden cósmico.

Estas corrientes cabalísticas divergentes también reflejan diferentes énfasis en la manera en que los textos sagrados deben ser aplicados en la vida práctica. Mientras algunos cabalistas se enfocan en el estudio esotérico de las escrituras y en la contemplación meditativa, otros están más interesados en las aplicaciones prácticas, como el uso de los Nombres Divinos para protección o cura. Cada corriente ofrece una lente única a través de la cual el practicante puede explorar la sabiduría cabalística, permitiendo que el estudio de la Cabalá sea tanto un viaje intelectual como una vivencia profundamente espiritual.

Por lo tanto, la Cabalá, a pesar de su carácter esotérico, se conecta directamente con lo cotidiano, proporcionando al practicante una manera de integrar sus enseñanzas con la vida práctica. Ya sea por medio del estudio, de la meditación o de actos de bondad y justicia, el cabalista busca constantemente elevar su existencia, revelando la luz divina oculta dentro de cada aspecto de la creación. A cada paso en este viaje, se acerca a su esencia más profunda, alineándose con el flujo continuo de luz que emana del Ein Sof, el infinito divino.

Al abrazar la práctica cabalística, el individuo no solo se transforma a sí mismo, sino que también participa activamente en la reparación del mundo, restaurando la unidad perdida entre lo divino y lo mundano. El viaje de la Cabalá es, así, un camino de autodescubrimiento y trascendencia, donde el conocimiento esotérico se entrelaza con la vida cotidiana, resultando en una experiencia espiritual completa y transformadora.

Capítulo 2
El Árbol de la Vida y las Diez Sefirot

El Árbol de la Vida, o *Etz Chaim* en hebreo, es uno de los símbolos más centrales y poderosos de la Cabalá. Representa la estructura mística del universo y del alma humana, un mapa espiritual que revela las emanaciones divinas y la manera en que la creación fue organizada. El Árbol de la Vida está compuesto por diez Sefirot, que son descritas como canales por los cuales la energía divina fluye y se manifiesta tanto en el mundo espiritual como en el mundo físico. Cada Sefirá es una expresión de una cualidad divina, reflejando un aspecto específico de Dios y del cosmos.

El Árbol de la Vida es representado visualmente como un diagrama compuesto por diez esferas (las Sefirot) conectadas por 22 caminos, cada uno representando una de las letras del alfabeto hebreo. Estas conexiones muestran la interdependencia y la interacción entre las Sefirot, que no están aisladas, sino que funcionan como un sistema integrado de fuerzas. La comprensión de esta estructura es esencial para cualquier practicante de la Cabalá, pues sirve como una llave para el entendimiento del funcionamiento del universo y del papel del ser humano dentro de él.

Las Sefirot están organizadas en tres columnas: la de la derecha, la de la izquierda y la del centro. La columna de la derecha es generalmente asociada a la misericordia y al flujo expansivo de energía, mientras que la columna de la izquierda representa la severidad y el control. La columna central, a su vez, refleja el equilibrio entre estas dos fuerzas opuestas, manteniendo la armonía entre el juicio y la compasión. Esta división muestra que la creación del universo, según la Cabalá, no es caótica, sino organizada de acuerdo con principios de equilibrio y justicia.

La primera Sefirá en la cima del Árbol de la Vida es Keter, que significa "corona". Keter representa el punto más elevado de toda la creación, el umbral entre el Ein Sof (el infinito) y el mundo manifiesto. Es la Sefirá más cercana a la luz divina y está asociada a la pura voluntad de Dios, un deseo de crear y de compartir la luz. Keter está más allá de la comprensión humana directa, pues está ligada a lo divino inalcanzable, representando el aspecto más oculto de Dios.

Justo debajo de Keter están las dos Sefirot que forman el primer par de fuerzas opuestas en el Árbol: Chochmá y Biná. Chochmá, que significa "sabiduría", está a la derecha y simboliza el principio activo y creativo. Es la chispa de inspiración, el pensamiento original que surge de forma repentina, una idea que aún no ha sido completamente desarrollada. Biná, que significa "entendimiento", está a la izquierda y representa el principio receptivo y formador. Si Chochmá es el flash de inspiración, Biná es el proceso que organiza y da forma a aquella idea, estructurándola en un concepto comprensible.

Estas dos Sefirot, Chochmá y Biná, trabajan en conjunto, y su equilibrio es fundamental. Chochmá sin Biná sería una creatividad descontrolada, sin estructura, mientras que Biná sin Chochmá resultaría en rigidez y estancamiento, sin espacio para la innovación. Esta interdependencia refleja la necesidad de equilibrio entre fuerzas opuestas en todos los niveles de la existencia, desde la mente humana hasta la creación del universo.

Debajo de Chochmá y Biná encontramos Da'at, una Sefirá oculta, que no es contada entre las diez tradicionales, pero que desempeña un papel importante en el equilibrio del Árbol de la Vida. Da'at significa "conocimiento" y es el punto de integración entre Chochmá y Biná. Representa la conciencia que surge cuando la sabiduría y el entendimiento se unen, creando una percepción completa y profunda de la realidad.

Siguiendo en la columna central, debajo de Keter, está Tiferet, la Sefirá de la "belleza" o "armonía". Tiferet es el corazón del Árbol de la Vida y simboliza la integración entre misericordia y severidad, entre el amor expansivo de Chesed y el juicio restrictivo de Guevurá, las Sefirot que se encuentran arriba de Tiferet en las columnas de la derecha y de la izquierda, respectivamente. Tiferet también está asociada al equilibrio emocional y a la compasión, representando el amor que es templado por la justicia y la justicia que es suavizada por el amor.

Chesed, la Sefirá de la misericordia y bondad, está localizada en la columna derecha del Árbol de la Vida.

Es expansiva e ilimitada, representando la benevolencia divina que fluye sin restricciones. Chesed es la fuerza que impulsa la creación y el amor incondicional. Sin embargo, esta expansión necesita ser equilibrada por la fuerza de Guevurá, que significa "fuerza" o "juicio". Localizada en la columna izquierda, Guevurá representa la disciplina, la contención y los límites necesarios para que la creación no se desintegre en caos. La interacción entre estas dos fuerzas — la misericordia de Chesed y la severidad de Guevurá — es esencial para la armonía del universo.

El equilibrio perfecto de estas dos fuerzas opuestas se encuentra en Tiferet, que es muchas veces descrita como la Sefirá asociada al concepto de belleza justamente por su capacidad de armonizar y equilibrar los extremos. Tiferet también está ligada a la figura del Mesías en la tradición cabalística, siendo el punto de mediación entre lo divino y lo humano, entre el cielo y la tierra. La belleza de Tiferet es la expresión de la armonía perfecta entre las fuerzas del amor y de la justicia.

Debajo de Tiferet, encontramos dos Sefirot que representan la manifestación más concreta de las fuerzas espirituales: Netzach y Hod. Netzach, que significa "eternidad" o "victoria", está localizada en la columna derecha y está asociada a la persistencia, al movimiento y a la energía que impulsa la creación hacia adelante. Refleja la fuerza divina que garantiza la continuidad y la victoria sobre los desafíos. Hod, que significa "gloria", está en la columna izquierda y representa la receptividad, la humildad y la capacidad de reflejar la luz divina. Netzach y Hod trabajan juntas como las fuerzas del impulso y de la recepción, lo que mantiene el equilibrio en las acciones humanas y en la creación divina.

Las últimas dos Sefirot son Yesod y Malchut. Yesod, que significa "fundación", es la Sefirá que colecta y canaliza las energías de las Sefirot superiores para el mundo físico. Es el intermediario entre el mundo espiritual y el mundo material, funcionando como un puente que permite que las fuerzas divinas sean manifestadas en la realidad concreta. Yesod es también asociada a la comunicación, al vínculo y a la sexualidad sagrada, representando la unión creativa entre lo divino y lo humano.

Malchut, que significa "reino", es la Sefirá más baja del Árbol de la Vida y está ligada al mundo físico y material. Es a través de Malchut que todas las energías de las Sefirot superiores son finalmente manifestadas en el mundo. Representa la receptividad pura, el espacio en el cual las fuerzas divinas pueden expresarse plenamente. Aunque Malchut sea la última Sefirá, no es menos importante; al contrario, es fundamental, pues es en el reino material que la voluntad divina es completada.

El Árbol de la Vida, con sus diez Sefirot, es más que un simple diagrama. Es una representación simbólica de la dinámica creativa del universo y un reflejo del camino espiritual que cada individuo debe recorrer. Al entender y meditar sobre las Sefirot, el cabalista busca alinear su alma con estas fuerzas cósmicas, trayendo armonía y equilibrio tanto para su vida personal como para el mundo a su alrededor. Cada Sefirá es una puerta de entrada para un nivel más profundo de entendimiento espiritual y una invitación para la transformación personal.

Ahora que la estructura del Árbol de la Vida y las diez Sefirot han sido introducidas, es esencial profundizar el entendimiento de cada una de ellas de forma más detallada. Además de ser conceptos abstractos, las Sefirot representan energías que pueden ser integradas en la vida práctica del cabalista. Cada Sefirá no solo refleja una cualidad divina, sino que también es un reflejo de las características y potencialidades que existen en el ser humano. La meditación y el trabajo con las Sefirot permiten al practicante armonizar estas energías en su vida, creando equilibrio entre lo espiritual y lo material.

Keter es el principio de la creación, y su esencia es la pura voluntad de Dios. Representa el momento antes de la manifestación, el impulso divino que inicia el proceso creativo. Para el ser humano, Keter refleja el potencial más elevado del alma, el estado de pura intención. La práctica relacionada con Keter involucra la contemplación de la voluntad y del propósito más elevados. Cuando una persona alinea su propia voluntad con el deseo divino, se convierte en un canal para la expresión de esa luz creativa. La meditación sobre Keter puede ayudar a desarrollar una mayor claridad de propósito y la conexión con el potencial infinito.

Chochmá, la sabiduría, es la fuente de todas las ideas e inspiraciones. Es un flujo constante de intuición e insight que se manifiesta de forma inmediata y completa. Chochmá no es algo que puede ser estudiado o aprendido directamente, pero es una energía que puede ser despertada. En la vida práctica, Chochmá es la capacidad de recibir insights instantáneos y actuar a partir de la sabiduría intuitiva. La meditación sobre Chochmá involucra la apertura para recibir la luz divina sin bloqueos, permitiendo que la intuición se manifieste de forma espontánea. Este estado de apertura puede ser cultivado por medio de la confianza y de la entrega al flujo de la sabiduría divina.

Biná, el entendimiento, complementa a Chochmá. Si Chochmá es la chispa de la inspiración, Biná es el proceso de desarrollar, organizar y estructurar esa inspiración en algo concreto y comprensible. En la práctica, Biná está relacionada a la capacidad de análisis, de planear y de encontrar soluciones para los desafíos de la vida. Meditar sobre Biná ayuda a profundizar el entendimiento de las situaciones, permitiendo una visión clara y detallada de lo que está frente a nosotros. Al integrar Chochmá y Biná, el cabalista equilibra la intuición con el razonamiento lógico, creando un flujo armonioso de pensamiento y acción.

Da'at, el conocimiento, a pesar de ser una Sefirá "oculta", desempeña un papel crucial en la integración de estas fuerzas. En la vida práctica, Da'at representa la conciencia, la capacidad de percibir y entender los fenómenos con claridad. Es el punto donde la sabiduría y el entendimiento se unen, creando un estado de verdadera comprensión. Para trabajar con Da'at, el cabalista busca desarrollar una conciencia profunda de sí mismo y del mundo a su alrededor, manteniendo la conexión con lo divino en todas las acciones. Esto requiere estar presente y consciente en el momento, con una percepción clara de la unidad que permea todas las cosas.

Chesed, la bondad o misericordia, es la energía expansiva y generosa del universo. En el nivel humano, Chesed representa el amor incondicional, la compasión y la voluntad de dar sin esperar nada a cambio. Practicar Chesed involucra el acto de ser generoso, tanto material como emocionalmente. La meditación sobre Chesed ayuda a desarrollar un corazón abierto y amoroso, estimulando el flujo de la bondad en todas las interacciones. Sin embargo, sin equilibrio, Chesed puede transformarse en indulgencia o descontrol, por eso es esencial armonizarla con Guevurá.

Guevurá, la fuerza o juicio, es la energía que impone límites y disciplina. Mientras Chesed se expande, Guevurá restringe, creando estructuras y moldes que son esenciales para el crecimiento y la estabilidad. En la vida práctica, Guevurá se manifiesta como la capacidad de decir "no", de establecer fronteras saludables y de ejercer autocontrol. La meditación sobre Guevurá permite al cabalista aprender a ser firme y disciplinado, sin caer en excesos de severidad o rigidez. El equilibrio entre Chesed y Guevurá es fundamental para una vida armoniosa, donde la compasión es guiada por sabiduría y discernimiento.

El equilibrio entre estas dos fuerzas opuestas es encontrado en Tiferet, que es descrita como la Sefirá de la belleza y armonía. Tiferet representa el punto de equilibrio perfecto entre la bondad y el juicio, creando un estado de compasión equilibrada. En la práctica, Tiferet es la capacidad de ver la belleza en todas las cosas, manteniendo la armonía entre las fuerzas internas y externas. La meditación sobre Tiferet ayuda a desarrollar la compasión equilibrada, que no es indulgente ni severa, sino que se basa en la verdad y en el amor. Este equilibrio es lo que crea una vida bella y espiritualmente alineada.

Netzach, la victoria o eternidad, es la Sefirá de la perseverancia y de la fuerza de voluntad. Netzach impulsa a la persona a continuar su camino, incluso frente a obstáculos. En la vida práctica, Netzach se manifiesta como la determinación y la capacidad de superar desafíos, manteniendo el foco en los objetivos a largo plazo. La meditación sobre Netzach fortalece la persistencia y el poder de continuar avanzando, especialmente cuando las situaciones parecen difíciles o sin solución aparente.

Hod, la gloria, está ligada a la humildad y a la gratitud. Si Netzach es la fuerza que nos impulsa hacia adelante, Hod es la capacidad de retroceder, reflexionar y reconocer el valor de las cosas y de las personas a nuestro alrededor. En la práctica, Hod representa la aceptación de la vulnerabilidad y la humildad de reconocer que el poder divino está detrás de todas las realizaciones. La meditación sobre Hod enseña la importancia de la gratitud y de la aceptación, permitiendo que la persona vea la belleza y el valor en las pequeñas cosas y en los momentos de pausa y reflexión.

Yesod, la fundación, actúa como un puente entre las Sefirot superiores y el mundo físico, manifestando todas las energías espirituales en la realidad material. Yesod está asociada a la conexión, a la comunicación y a la sexualidad sagrada, y es la Sefirá que permite que la creatividad divina sea expresada en el mundo. En la práctica, Yesod es la capacidad de concretizar ideas y deseos de forma equilibrada y saludable. La meditación sobre Yesod fortalece la conexión con las energías superiores, garantizando que las intenciones espirituales sean manifestadas en la vida de forma ética y consciente.

Por último, Malchut, el reino, es la Sefirá que gobierna el mundo físico y material. Aunque sea la última de las Sefirot, Malchut no es una Sefirá pasiva. Representa la receptividad pura, pero también la capacidad de gobernar y manifestar las energías divinas en el mundo material. Malchut es la fuerza que da forma concreta al propósito divino y a la voluntad humana. En la vida práctica, Malchut es la habilidad de enraizarse en la realidad, de vivir plenamente en el mundo físico sin perder la conexión con lo divino. La meditación sobre Malchut enseña la importancia de estar presente en el aquí y ahora, integrando todas las lecciones espirituales en la vida cotidiana.

El equilibrio entre todas estas Sefirot es esencial. El cabalista, al meditar y trabajar con cada una de ellas, no solo busca comprender las diferentes facetas de la creación, sino también integrar estas energías en su propia vida. Las Sefirot no son meramente conceptos metafísicos; son fuerzas vivas que están en constante interacción en el universo y dentro de cada ser humano. El papel del practicante es aprender a reconocer estas energías y trabajar con ellas de forma consciente, equilibrada y armoniosa.

Al aplicar las lecciones del Árbol de la Vida, el cabalista no solo transforma su vida interior, sino que también contribuye a la corrección del mundo exterior, participando activamente en la creación continua del universo. El equilibrio entre las fuerzas de las Sefirot permite que el individuo alcance un estado de unidad interior, alineándose con las leyes espirituales que gobiernan la realidad. De esta forma, la práctica de la Cabalá ofrece no solo una comprensión intelectual de la creación, sino una experiencia viva de conexión y armonía con lo divino, el mundo y la propia alma.

Capítulo 3
La Dualidad y la Unidad en el Sistema Cabalístico

La Cabalá está profundamente marcada por la presencia de la dualidad, reflejando una visión del mundo en la que fuerzas opuestas coexisten e interactúan de manera continua. Luz y oscuridad, bien y mal, masculino y femenino — estas polaridades son esenciales tanto en la creación del universo como en el desarrollo espiritual del individuo. Sin embargo, la dualidad en la Cabalá no implica una división irreconciliable. Por el contrario, se considera parte de un proceso dinámico que busca, en última instancia, alcanzar la unidad. Esta tensión entre opuestos no es algo que deba ser temido o evitado, sino comprendido e integrado como una fuerza creativa fundamental.

El concepto de dualidad se manifiesta en muchos aspectos de la Cabalá, siendo uno de los más importantes la relación entre las columnas de la derecha y de la izquierda en el Árbol de la Vida. Como vimos anteriormente, la columna de la derecha, que incluye las Sefirot Chesed (misericordia) y Netzach (victoria), está asociada a la expansión, la generosidad y el flujo constante de energía. Por otro lado, la columna de la izquierda, compuesta por Guevurá (juicio) y Hod (gloria), representa la contracción, la disciplina y los límites. Estas dos columnas son fuerzas opuestas que, aunque diferentes, son igualmente necesarias para la creación y el mantenimiento del orden en el universo. Ninguna puede existir sin la otra, y el equilibrio entre ellas es lo que sustenta la armonía.

La dualidad entre expansión y contracción, o entre misericordia y juicio, se refleja en muchos niveles de la existencia. A nivel cósmico, puede observarse en la propia creación del mundo. Según la Cabalá, Dios inició el proceso creativo por medio del *tzimtzum*, la retracción o contracción de Su luz infinita para dar espacio a la existencia. Este acto de contracción fue seguido por la expansión de la creación, donde la luz divina fue canalizada a través de las Sefirot, manifestándose en el universo físico. Así, la creación es, por naturaleza, un proceso de tensión entre las fuerzas expansivas y contractivas, que necesitan estar en equilibrio para que el cosmos se mantenga estable.

A nivel humano, la dualidad es igualmente presente. Todo individuo lleva dentro de sí estas fuerzas opuestas y vive constantemente entre el deseo de expansión — de expresar su creatividad, bondad y generosidad — y la necesidad de restringirse, disciplinarse e imponer límites. La práctica espiritual cabalística enseña que el objetivo no es suprimir una de estas fuerzas, sino integrarlas de forma equilibrada. La verdadera sabiduría reside en saber cuándo ser expansivo y cuándo retraerse, cuándo actuar con misericordia y cuándo ejercer el juicio.

La dualidad también aparece en la interacción entre lo masculino y lo femenino. En la Cabalá, estas no son solo características biológicas, sino fuerzas arquetípicas presentes en todos los aspectos de la creación. Lo masculino se asocia a la energía activa, creativa y dadora, mientras que lo femenino se vincula a la energía receptiva, nutricia y formadora. Estas energías no están vinculadas exclusivamente a hombres o mujeres, sino que forman parte de la naturaleza de todos los seres humanos y de todo el cosmos. En el Árbol de la Vida, las Sefirot que pertenecen a la columna de la derecha se consideran más masculinas, mientras que las de la columna de la izquierda son más femeninas. El equilibrio entre estas fuerzas es fundamental para la armonía cósmica y personal.

La relación entre lo masculino y lo femenino en la Cabalá va más allá de la simple oposición de géneros. El Zohar, por ejemplo, habla de la unión entre Zer Anpin (un aspecto masculino de Dios) y Maljut (el aspecto femenino), que simboliza la unión entre lo divino y el mundo físico, entre lo espiritual y lo material. Esta unión se considera esencial para la continuidad de la creación y para el proceso de reparación espiritual. En la práctica cabalística, esta armonía entre lo masculino y lo femenino también es algo que el practicante busca reflejar en su vida interior, cultivando tanto la fuerza activa como la receptiva dentro de sí.

Otro aspecto importante de la dualidad cabalística es la lucha entre luz y oscuridad, bien y mal. Según las enseñanzas de la Cabalá, el mal no es una fuerza externa aislada, sino una consecuencia del desequilibrio.

Cuando las fuerzas creativas del universo se desalinean o cuando el ser humano actúa de manera desarmónica, el mal se manifiesta. El mal, en la Cabalá, no es absoluto; existe como una posibilidad que resulta del libre albedrío humano y de la fragmentación de las energías divinas. Esta visión enfatiza la responsabilidad humana en restaurar el equilibrio y transformar las fuerzas negativas en positivas.

El proceso de elevación espiritual y corrección del mal se conoce como *Tikun*. A través del *Tikun*, el cabalista busca identificar las áreas de su vida donde hay desequilibrio y trabajar para corregirlas, ya sea por medio de actos de bondad, oración, estudio o meditación. La Cabalá enseña que el mal no debe ser rechazado o destruido, sino transformado. Esto refleja la idea central de que la dualidad — incluso entre luz y oscuridad — es, en el fondo, parte de un todo mayor. El trabajo del cabalista es reconocer la luz oculta dentro de la oscuridad y sacar esa luz a la superficie.

La unidad, que es el objetivo final del sistema cabalístico, solo puede ser alcanzada tras la integración de las dualidades. La Cabalá enseña que Dios es absolutamente uno, pero esa unidad se manifiesta a través de la multiplicidad de la creación. Las Sefirot, aunque parezcan fuerzas separadas y opuestas, son en realidad aspectos diferentes de una única fuente divina. De la misma manera, la dualidad en el mundo material es una ilusión; la verdad última es que todas las fuerzas opuestas están, de hecho, unificadas en su esencia. Esta visión de unidad se refleja en la práctica espiritual, donde el objetivo final es trascender la percepción dualista y alcanzar una conciencia de unidad con lo divino.

A nivel personal, esto significa que el practicante de la Cabalá busca armonizar las fuerzas opuestas dentro de sí. El equilibrio entre la expansión y la contracción, lo masculino y lo femenino, la luz y la oscuridad, crea un estado de alineación espiritual en el que el alma puede unirse con la luz divina. Este proceso es continuo y exige atención constante a las energías en juego, tanto a nivel interno como externo. El cabalista reconoce que la vida es un campo de batalla entre fuerzas opuestas, pero que ese conflicto es lo que genera crecimiento y transformación.

La unidad que se busca en la Cabalá no es una anulación de las diferencias, sino una integración armoniosa de ellas. El cabalista entiende que las polaridades son necesarias para el desarrollo espiritual y que la verdadera realización viene cuando estas fuerzas se armonizan. Esto se aplica tanto a la práctica individual como al mundo en general, donde el equilibrio entre las energías opuestas resulta en la paz y la plenitud.

Por lo tanto, la dualidad, lejos de ser un obstáculo, se considera una herramienta esencial para la creación y el crecimiento. La práctica de la Cabalá enseña cómo navegar en este terreno de tensiones creativas, usando la sabiduría para equilibrar las fuerzas opuestas y, así, acercarse a la unidad divina. Al aprender a trabajar con las polaridades, el cabalista no solo se eleva espiritualmente, sino que también contribuye al equilibrio y la armonía del universo. El viaje de la dualidad a la unidad es, en última instancia, el camino del retorno a la fuente divina, donde todas las distinciones se disuelven en la luz del infinito.

La dualidad, aunque esencial para la creación, no debe ser vista como un estado definitivo en la vida espiritual. El objetivo del cabalista es aprender a integrar estas fuerzas opuestas, no solo en el entendimiento intelectual, sino en la práctica cotidiana, con el fin de alcanzar la unidad interior. Sin embargo, esta integración es un proceso que demanda atención y autoconocimiento, pues implica reconocer las fuerzas de expansión y contracción, luz y oscuridad, masculino y femenino, dentro de sí y en el mundo a su alrededor.

En la vida diaria, las fuerzas opuestas de la creación se manifiestan en conflictos internos, desafíos externos y tensiones emocionales. Uno de los primeros pasos para trabajar con estas fuerzas es reconocer que la dualidad no es algo que deba ser eliminado, sino una oportunidad de crecimiento. El ser humano, así como el universo, está constituido por estas polaridades, y el equilibrio solo se alcanza cuando hay una aceptación consciente de estas fuerzas. La Cabalá enseña que estas tensiones son una parte vital del proceso de elevación espiritual y que el intento de escapar de ellas puede resultar en estancamiento.

Uno de los métodos cabalísticos más eficaces para lidiar con estas fuerzas internas es la meditación en las Sefirot del Árbol de la Vida. Como se discutió anteriormente, las Sefirot representan diferentes aspectos de la creación y del alma humana. Cada una de ellas carga una energía particular, y el objetivo es alcanzar un equilibrio dinámico entre estas energías. Por ejemplo, si una persona percibe que su vida está excesivamente enfocada en la generosidad sin límites (una manifestación de Chesed), esto puede llevarla al agotamiento o a la falta de discernimiento. El equilibrio se encuentra al cultivar la fuerza de Guevurá, que trae disciplina y límites saludables.

Este trabajo de equilibrio interno no es simplemente un proceso mental o abstracto, sino que debe ser reflejado en las acciones y en las decisiones cotidianas. La dualidad entre expansión y contracción puede ser vivenciada en situaciones comunes, como la forma de lidiar con las relaciones, el trabajo y las responsabilidades personales. El cabalista que es consciente de estas energías en juego podrá tomar decisiones más equilibradas, sin caer en los extremos de la indulgencia o la rigidez. Este equilibrio, sin embargo, no es una fórmula fija, sino algo que debe ser ajustado continuamente, dependiendo de las circunstancias y de las necesidades espirituales de cada momento.

La Cabalá ofrece varias enseñanzas sobre cómo integrar estas fuerzas opuestas en una práctica espiritual consciente. Uno de los conceptos centrales en este proceso es la *kavaná*, o intención. Al traer una intención clara para cada acción, el practicante transforma incluso los actos más simples en oportunidades de elevación espiritual. Cuando se actúa con *kavaná*, la dualidad entre lo sagrado y lo profano se disuelve, y todas las acciones, por más mundanas que parezcan, se convierten en canales de expresión para las fuerzas divinas. Este estado de conciencia unificada permite que el practicante traiga armonía a su vida, integrando misericordia y juicio, acción y receptividad.

Otro aspecto crucial de este proceso es el reconocimiento de las sombras internas, o las "fuerzas negativas" que residen en la psique humana. En la Cabalá, las fuerzas negativas no se ven como algo que deba ser simplemente reprimido o destruido, sino como oportunidades para la transformación. El mal, o la oscuridad, es resultado de desequilibrios y fragmentaciones en el alma, y el trabajo espiritual implica identificar estas áreas de sombra y trabajar con ellas de forma constructiva. La transformación del mal en bien es uno de los pilares del *Tikun*, la corrección espiritual que busca restaurar la armonía en el universo.

Prácticas de meditación cabalística, como la contemplación de las Sefirot o la invocación de los Nombres Divinos, son herramientas poderosas para reconocer e integrar estas sombras. Por ejemplo, al meditar sobre Tiferet, el cabalista busca alcanzar un estado de compasión equilibrada, donde la justicia y la misericordia no están en conflicto, sino en armonía. De la misma manera, al trabajar con Netzach y Hod, el practicante aprende a equilibrar la determinación y la persistencia con la humildad y la gratitud. Estos ejercicios espirituales ayudan a traer luz a las áreas de oscuridad interna, promoviendo un proceso de curación y elevación.

Además, la Cabalá enfatiza la importancia de equilibrar las energías masculinas y femeninas dentro de sí. Independientemente del género, todo individuo carga estas dos energías arquetípicas. Lo masculino, representado por la fuerza activa, expansiva y creativa, debe ser equilibrado por lo femenino, que simboliza la receptividad, la intuición y la capacidad de nutrir. Cuando estos aspectos están desequilibrados, puede haber conflictos internos, insatisfacción y falta de dirección espiritual. El cabalista que integra lo masculino y lo femenino dentro de sí alcanza una unidad interna, permitiendo que estas energías fluyan libremente y se manifiesten de manera saludable.

Este equilibrio entre lo masculino y lo femenino también es fundamental en las relaciones interpersonales. La Cabalá enseña que las relaciones son espejos de las fuerzas opuestas que habitan dentro de cada individuo. La tensión que surge en las interacciones humanas es muchas veces un reflejo del desequilibrio entre estas energías internas. Por eso, las relaciones, especialmente las más íntimas, se ven como una oportunidad de crecimiento espiritual, donde el individuo puede aprender a equilibrar sus propias polaridades al lidiar con el otro. La armonía en las relaciones, de acuerdo con la Cabalá, solo puede ser alcanzada cuando hay una integración de las energías opuestas dentro de cada persona.

Además de las prácticas meditativas y de la *kavaná*, la Cabalá ofrece otras herramientas para lidiar con la dualidad y trabajar en dirección a la unidad. Una de ellas es la práctica de la oración cabalística, donde el practicante usa Nombres Divinos y fórmulas específicas para alinear su voluntad con la voluntad divina. Estas oraciones se ven como un medio de armonizar las fuerzas del universo, trayendo luz a áreas de oscuridad y creando un estado de equilibrio espiritual. Al invocar estos Nombres Divinos con una intención pura, el cabalista puede acceder a energías que ayudan a disipar la oscuridad y a restaurar la unidad.

El concepto de *Tikun Olam*, o la corrección del mundo, también se aplica al proceso de integración de la dualidad. En la medida en que el individuo trabaja para equilibrar sus propias fuerzas internas, contribuye a la restauración del equilibrio en el mundo exterior. La Cabalá enseña que el microcosmos (el ser humano) refleja el macrocosmos (el universo), y cada acto de corrección personal tiene un impacto directo en la armonía del universo. Así, el trabajo espiritual del cabalista no es solo un camino individual, sino una responsabilidad colectiva. La transformación personal lleva a la transformación del mundo, y la unidad interna refleja la unidad cósmica.

Por último, la búsqueda de la unidad en la Cabalá es un viaje continuo de integración. No se trata de alcanzar un estado estático de perfección, sino de aprender a navegar por las fuerzas opuestas de la vida con sabiduría y equilibrio. La dualidad es una parte intrínseca de la creación, y el cabalista, al aceptar y trabajar con estas polaridades, se mueve hacia un estado de unidad cada vez más profundo. El objetivo final es trascender la percepción limitada de separación y dualidad, alcanzando una conciencia de que todas las fuerzas, sean de luz u oscuridad, masculino o femenino, son expresiones de una única fuente divina.

Este estado de unidad, conocido como *ajdut*, es el ápice del camino espiritual cabalístico. Es la percepción de que todas las divisiones son ilusorias y que, detrás de todas las polaridades, existe una verdad unificadora. Al alcanzar esta conciencia, el cabalista no solo encuentra paz interior, sino que también contribuye a la restauración de la paz y la armonía en el mundo. La dualidad, una vez integrada y equilibrada, se disuelve en la luz infinita del Ein Sof, revelando la verdad esencial de que todo es uno.

Capítulo 4
Los Cuatro Mundos de la Cabalá

La Cabalá ofrece una visión profunda y multifacética de la creación, dividiendo la existencia en cuatro niveles principales conocidos como los Cuatro Mundos. Estos mundos reflejan diferentes etapas de proximidad a la divinidad y son fundamentales para entender el proceso de manifestación del espíritu en el mundo físico. Cada mundo representa una realidad espiritual distinta y corresponde a una capa de la relación entre el Creador y la creación. Estos Cuatro Mundos son: Assiyah (Acción), Yetzirah (Formación), Beriá (Creación) y Atzilut (Emanación). Juntos, describen el viaje de la energía divina desde su estado más puro hasta su concreción en el plano material.

El primer mundo, Assiyah, es el mundo de la acción y la materialidad. Corresponde al plano físico y sensorial, donde la creación se manifiesta de forma tangible. Assiyah es el reino de las acciones y las consecuencias, el plano en el cual las elecciones humanas se concretan y los eventos ocurren de acuerdo con las leyes naturales y espirituales. En el sistema cabalístico, este es el mundo más distante de la luz divina original, estando marcado por la densidad y la dualidad. Sin embargo, es aquí donde la misión espiritual se concreta, pues es en este mundo donde el alma encarnada tiene la oportunidad de realizar acciones para transformar y elevar su propia existencia y el ambiente a su alrededor.

Yetzirah, el segundo mundo, es el mundo de la formación. En este nivel, la creación aún no es física, pero comienza a ganar forma y definición. Yetzirah es el plano de las emociones, de las fuerzas invisibles y de las energías que moldean la realidad. Este es el dominio de los ángeles y las entidades espirituales que ayudan a dirigir e influenciar el flujo de energía en el universo. Yetzirah también está asociado al plano de las emociones humanas, siendo el punto de encuentro entre la mente y el corazón. Las influencias de Yetzirah moldean nuestros sentimientos y reacciones emocionales, y es en este mundo que el cabalista puede comenzar a percibir cómo sus emociones y pensamientos afectan su realidad física.

El tercer mundo, Beriá, es el mundo de la creación. Aquí, la energía divina comienza a tomar forma en conceptos abstractos e ideas, pero aún no está moldeada de forma física. Beriá es el reino de la mente y la comprensión, donde surgen las ideas y los pensamientos que, eventualmente, se manifestarán en los planos inferiores. Este mundo está íntimamente relacionado con la Sefirá Biná, el entendimiento. En el nivel humano, Beriá es donde se desarrollan los conceptos más profundos de la existencia, la sabiduría espiritual y el insight. La mente es capaz de alcanzar nuevos niveles de entendimiento en este plano, pero aún necesita de Yetzirah y Assiyah para concretar esos pensamientos en acciones en el mundo físico.

El cuarto y más elevado de los mundos es Atzilut, el mundo de la emanación. Este es el mundo más próximo a la fuente divina, el plano más puro y abstracto de existencia, donde la luz de Dios aún no está velada. Atzilut es el dominio de las Sefirot superiores y de la energía divina no corrompida, donde todo es aún parte de la unidad divina. En este nivel, no hay separación entre Creador y creación; las emanaciones divinas fluyen directamente de la fuente. Atzilut está asociado a la Sefirá Chochmá, la sabiduría pura e intuitiva, y refleja el estado de conciencia en que la dualidad no existe, y todo es percibido como parte del todo divino.

Estos Cuatro Mundos no son lugares físicos, sino niveles de conciencia y existencia que coexisten simultáneamente. El alma humana, de acuerdo con la Cabalá, tiene la capacidad de moverse entre estos mundos, dependiendo de su nivel de desarrollo espiritual y de su capacidad de elevar su conciencia. En su estado más básico, el alma reside en el mundo de Assiyah, operando en el plano físico y sensorial. A medida que el alma se purifica y se eleva, puede alcanzar los niveles más sutiles de Yetzirah, Beriá y, finalmente, Atzilut, donde la unión con lo divino es más directa.

Cada uno de los mundos posee su propia estructura y jerarquía, siendo gobernado por diferentes fuerzas y entidades espirituales. En Assiyah, por ejemplo, encontramos las fuerzas naturales y los ángeles que supervisan el mundo físico, mientras que en Yetzirah, las fuerzas espirituales ligadas a las emociones y a los sentimientos humanos están más activas. En Beriá, la creación abstracta y las ideas están en el centro de atención, mientras que Atzilut es puramente un estado de unidad con la esencia divina. Así, la interacción entre estos mundos influye directamente tanto en el macrocosmos (el universo) como en el microcosmos (el ser humano).

La jornada espiritual del cabalista, por lo tanto, no es solo una búsqueda de entendimiento intelectual, sino un esfuerzo consciente para elevar el alma a través de estos niveles de existencia. El objetivo final es alcanzar Atzilut, el mundo de la emanación, donde el alma puede experimentar la unidad con Dios. Para alcanzar esta elevación, la Cabalá ofrece varias prácticas, incluyendo la meditación en las Sefirot, la oración con kavaná (intención enfocada) y el estudio profundo de los textos sagrados. Estas prácticas permiten al cabalista expandir su conciencia y acceder a los mundos superiores, trayendo más luz y claridad a su vida en el plano material.

La idea de que los Cuatro Mundos están interconectados también implica que nuestras acciones en el mundo de Assiyah pueden afectar los niveles superiores de Yetzirah, Beriá y Atzilut. La Cabalá enseña que cada acción, pensamiento y emoción genera un impacto espiritual que reverbera por los mundos. Cuando una persona actúa de forma consciente y espiritual, eleva no solo a sí misma, sino también el ambiente a su alrededor, contribuyendo a la elevación del mundo físico. De la misma forma, acciones desprovistas de conciencia espiritual pueden crear bloqueos que impiden el flujo de energía entre los mundos.

Esta visión de la interconexión de los mundos refleja la importancia de la responsabilidad individual dentro del sistema cabalístico. El Tikún Olam, el concepto de corrección del mundo, es una misión colectiva, pero comienza con la corrección individual. Al elevar su propia conciencia y trabajar para equilibrar sus emociones y acciones, el cabalista contribuye a la armonización de los mundos superiores y a la reparación del universo. La elevación del alma a través de los Cuatro Mundos no es solo una jornada individual, sino un proceso que beneficia a toda la creación.

El estudio de los Cuatro Mundos también ofrece al cabalista un mapa detallado de la jornada espiritual. Saber en qué nivel de conciencia el alma está operando permite que el practicante identifique los obstáculos y los desafíos que necesitan ser superados para avanzar. Al entender cómo los mundos están interconectados, el cabalista puede usar esta sabiduría para ajustar su práctica espiritual y su vida diaria, de modo de alinear su conciencia con los niveles más elevados de existencia.

Así, los Cuatro Mundos de la Cabalá no son solo una explicación teórica del universo, sino una herramienta práctica para la transformación espiritual. Proporcionan un camino claro para la elevación del alma, ofreciendo insights sobre la naturaleza de la existencia y la relación entre lo divino y lo material. Al meditar sobre los Cuatro Mundos y buscar integrar sus enseñanzas en la vida diaria, el cabalista comienza a ver la realidad con nuevos ojos, percibiendo la unidad subyacente a todas las cosas y encontrando su papel en el gran esquema de la creación.

Ahora que los Cuatro Mundos de la Cabalá han sido presentados — Assiyah, Yetzirah, Beriá y Atzilut — es hora de profundizar en la interconexión entre ellos y entender cómo el cabalista puede transitar conscientemente por estos niveles de existencia.

Cada uno de los Cuatro Mundos está asociado a un nivel específico de conciencia. Cuando el alma se encuentra en el mundo de Assiyah, está inmersa en la acción física y en las experiencias sensoriales. Es aquí donde las elecciones del cabalista se materializan, donde cada acto tiene un impacto tangible en el ambiente. Sin embargo, Assiyah no es un mundo desconectado de los demás. Las acciones realizadas en este plano reverberan en los mundos superiores, influenciando Yetzirah, Beriá y Atzilut. Por lo tanto, el trabajo espiritual del cabalista comienza en Assiyah, donde sus acciones e intenciones conscientes crean las bases para la elevación en los mundos más elevados.

Una de las formas más eficaces de transitar entre los mundos es a través de la meditación cabalística. Cada mundo representa una capa de realidad, y al meditar con intención clara, el cabalista puede mover su conciencia de un nivel a otro. Al enfocar en un mundo específico, el practicante puede acceder a sus energías y traer su influencia para el plano físico. Por ejemplo, al meditar sobre las cualidades de Yetzirah, el mundo de las emociones y de la formación, el cabalista puede armonizar sus emociones y aprender a lidiar mejor con los desafíos emocionales que surgen en Assiyah. Esto refleja la interconexión entre los mundos, donde cambios hechos en un nivel de conciencia afectan los otros niveles.

La meditación en las Sefirot también es una herramienta esencial para navegar por los Cuatro Mundos. Cada Sefirá refleja una cualidad divina y está presente en todos los niveles de existencia, desde Atzilut hasta Assiyah. Al meditar en una Sefirá específica, como Tiferet (belleza y armonía), el cabalista accede a su expresión en todos los mundos simultáneamente. En el mundo de Atzilut, Tiferet representa la armonía pura y espiritual; en Beriá, la idea de belleza y equilibrio comienza a formarse; en Yetzirah, esas cualidades se manifiestan en emociones equilibradas; y, finalmente, en Assiyah, Tiferet se manifiesta como belleza y armonía tangibles en la vida del cabalista.

Este proceso de elevación del alma requiere un equilibrio cuidadoso. No es suficiente para el cabalista simplemente aspirar a los niveles superiores de existencia; es necesario integrar las lecciones de cada mundo de forma práctica. Cada vez que el alma asciende, también trae algo de vuelta para el mundo físico. Esto refleja la idea cabalística de que la espiritualidad no debe ser desconectada de la vida cotidiana. El verdadero cabalista es aquel que consigue vivir en Assiyah — el mundo de acción — mientras permanece consciente de su conexión con los niveles más elevados de Yetzirah, Beriá y Atzilut.

Un ejemplo práctico de cómo esta interconexión funciona puede ser visto en el concepto de Tikún Olam, la corrección del mundo. Tikún Olam es tanto un esfuerzo individual como colectivo para restaurar la armonía en el universo. Cuando una persona realiza una buena acción con la intención de elevar su alma, no solo impacta el mundo de Assiyah, sino que también influye en los mundos superiores. El acto de dar caridad, por ejemplo, puede parecer una acción física simple, pero cuando realizado con kavaná (intención espiritual), despierta una corrección en los niveles espirituales. Las energías divinas que fluyen de Atzilut son direccionadas para el mundo físico, trayendo luz y armonía para todos los niveles de existencia.

Además de la meditación, la oración es otra herramienta poderosa que el cabalista utiliza para transitar entre los mundos. La oración cabalística es diferente de una simple súplica; involucra el uso consciente de Nombres Divinos y la recitación de pasajes específicos que reflejan las energías de los mundos superiores. Durante la oración, el cabalista se conecta con las energías de Atzilut y canaliza esa luz para los niveles inferiores. Este proceso crea un puente entre lo divino y lo humano, permitiendo que el practicante actúe como un canal para las fuerzas espirituales, elevando su alma y contribuyendo para la corrección del universo.

Otro aspecto importante de esta jornada espiritual es el entendimiento de los cuerpos espirituales que corresponden a los Cuatro Mundos. El alma humana, de acuerdo con la Cabalá, posee varios niveles, cada uno correspondiendo a uno de los mundos. El cuerpo físico y el alma Nefesh están asociados a Assiyah. El cuerpo emocional y el alma Ruach corresponden a Yetzirah, mientras que el alma intelectual, Neshamá, está ligada a Beriá. Finalmente, el alma más elevada, Chaya, que es la chispa de unidad divina, está conectada al mundo de Atzilut. El cabalista trabaja para purificar y elevar cada uno de esos cuerpos espirituales, permitiendo que su alma ascienda a niveles más altos de conciencia.

Cada uno de los mundos también tiene sus propios desafíos espirituales que el cabalista debe superar. En Assiyah, el desafío está en la tendencia de perderse en la materialidad y en las distracciones del mundo físico. En Yetzirah, el cabalista debe lidiar con las emociones desequilibradas y aprender a dominar el plano emocional. Beriá presenta el desafío de refinar el pensamiento y evitar el orgullo intelectual, mientras que en Atzilut, el mayor desafío es la propia disolución del ego, pues en ese nivel el cabalista debe abandonar toda sensación de separación y unirse a la voluntad divina.

Además, los Cuatro Mundos de la Cabalá no son estáticos; se influencian y se interconectan en un flujo constante de energía. Las oraciones de la tradición cabalística, como el Shemoneh Esrei o el Kaddish, reflejan esa interacción. Cada oración es estructurada para llevar el alma en una jornada espiritual que atraviesa los Cuatro Mundos, conectando al practicante a las fuerzas de Atzilut y trayendo esa luz de vuelta para Assiyah. El cabalista, al orar con kavaná, no solo eleva su propia alma, sino que también influye en la corrección espiritual de todo el universo.

Otro aspecto de la interconexión entre los mundos es visto en las prácticas meditativas con las letras hebraicas. Cada letra del alfabeto hebraico es considerada un canal para energías divinas, y al meditar sobre esas letras, el cabalista puede acceder a diferentes mundos. La combinación de letras crea Nombres Divinos que corresponden a diferentes aspectos de la creación. Por ejemplo, el Tetragrama YHVH está asociado a los Cuatro Mundos, con cada una de las letras representando un nivel diferente. Meditar sobre esas letras permite al cabalista conectarse directamente con las energías divinas en todos los niveles de la creación, desde Atzilut hasta Assiyah.

Por lo tanto, el objetivo de la práctica cabalística no es simplemente "subir" a los mundos superiores y desconectarse de la realidad física. Por el contrario, la verdadera elevación espiritual ocurre cuando el cabalista aprende a integrar las enseñanzas de cada mundo en su vida diaria, transformando sus acciones, pensamientos y emociones de acuerdo con los principios divinos. Esta integración permite al cabalista convertirse en un verdadero "canal de luz", trayendo la sabiduría de Atzilut, la claridad de Beriá, la armonía emocional de Yetzirah y la acción consciente de Assiyah para su existencia.

La jornada a través de los Cuatro Mundos es tanto una ascensión espiritual como un retorno a la unidad. Al navegar por estos mundos, el cabalista descubre que la verdadera elevación no está en la fuga del mundo físico, sino en la transformación de lo físico en algo sagrado. Al alinear su conciencia con los niveles más elevados de la existencia, se aproxima a la luz divina y, al mismo tiempo, trae esa luz para el mundo de Assiyah, cumpliendo el propósito mayor de la creación.

Capítulo 5
El Papel de los Nombres Divinos en la Cabalá

Dentro del vasto sistema cabalístico, los Nombres Divinos ocupan un lugar central, representando una de las claves más poderosas para entender e interactuar con la creación. Estos nombres no son meramente títulos o formas de identificación; son vehículos de energía divina, medios por los cuales el Creador manifiesta diferentes aspectos de Su esencia y gobierna el universo. La Cabalá enseña que el mundo fue creado a través de la palabra, y los Nombres Divinos son manifestaciones de esas palabras creativas, portando el poder de moldear la realidad e influenciar las fuerzas espirituales.

Entre los Nombres Divinos, el más sagrado y central es el Tetragrámaton, el Nombre de cuatro letras, YHVH (יהוה). Este Nombre es considerado tan sagrado que, en contextos religiosos, nunca se pronuncia como está escrito. En su lugar, se utiliza el término "Adonai" en su lectura litúrgica. El Tetragrámaton se entiende en la Cabalá como una expresión de las cuatro etapas de la creación y está directamente conectado con los Cuatro Mundos —Atzilut, Beriá, Yetzirá y Assiyá—, reflejando el proceso por el cual la energía divina se manifiesta desde el más elevado hasta el más físico de los planos.

Cada una de las letras del Tetragrámaton tiene un significado profundo y está asociada a diferentes emanaciones de la divinidad. La primera letra, Yod (י), representa el punto inicial de la creación, el origen de la sabiduría pura que aún no se ha manifestado. Está conectada con el mundo de Atzilut, el más elevado de los mundos, donde la luz divina es aún indiferenciada y pura. La segunda letra, He (ה), es la primera manifestación de esa sabiduría, asociada a Beriá, el mundo de la creación y el entendimiento. La tercera letra, Vav (ו), simboliza la extensión de esa energía, conectada con el mundo de Yetzirá, el mundo de la formación y las emociones. La segunda He (ה) es la concreción de la creación en el mundo de Assiyá, el plano de la acción y la materialidad.

Además del Tetragrámaton, otros Nombres Divinos tienen funciones específicas dentro del sistema cabalístico. Por ejemplo, Elohim (אלהים) es el Nombre asociado a la Sefirá Guevurá, que representa el juicio y la restricción. A diferencia de YHVH, que refleja la misericordia y la armonía de la creación, Elohim es el Nombre que expresa las leyes naturales y la fuerza de la disciplina. La dualidad entre estos dos Nombres —YHVH y Elohim— es una representación de la tensión entre la bondad expansiva y la severidad restrictiva que, en equilibrio, sostienen la armonía del universo.

Otro Nombre Divino importante es El Shaddai (אל שדי), frecuentemente asociado a la Sefirá Yesod y la concepto de fundamento y protección. Shaddai ha sido interpretado como "aquel que es suficiente", reflejando el aspecto de Dios que provee y sustenta el universo.

57

Este Nombre se utiliza en oraciones y prácticas cabalísticas orientadas a la protección y la prosperidad, creando una conexión con las fuerzas divinas que sustentan la creación en equilibrio.

Los Nombres Divinos en la Cabalá son frecuentemente utilizados en prácticas meditativas y rituales. El cabalista que medita en un Nombre Divino está buscando alinear su propia conciencia con la energía que ese Nombre representa. Al invocar el Nombre YHVH, por ejemplo, el practicante no está solo recitando una palabra sagrada, sino canalizando la energía de la misericordia, la armonía y la unidad, trayendo esas cualidades a su vida y al mundo que le rodea. De la misma manera, la invocación del Nombre Elohim busca traer disciplina, justicia y equilibrio.

Además de las meditaciones, los Nombres Divinos también tienen un papel fundamental en oraciones y bendiciones. En la tradición cabalística, cada Nombre de Dios tiene un propósito específico y se recita con una intención clara para canalizar la energía correcta. El Nombre Adonai (ינדא), por ejemplo, se utiliza a menudo en contextos de oración para reflejar la soberanía divina sobre el mundo físico, mientras que Ehyeh Asher Ehyeh (היהא רשא היהא), "Yo soy el que soy", está asociado al aspecto de Dios que trasciende el tiempo y el espacio, expresando lo eterno e inmutable.

Los Nombres Divinos también están conectados a diferentes aspectos de la creación y del alma humana. En la práctica cabalística, existe una relación profunda entre el Nombre YHVH y la estructura del alma. La Cabalá enseña que el alma humana está compuesta de cinco niveles: Néfesh, Rúaj, Neshamá, Jayá y Yejidá. Cada una de estas capas del alma puede ser vista como una manifestación de una letra del Tetragrámaton, reflejando el viaje del alma desde el mundo físico hasta la unidad con lo divino. Meditar sobre los Nombres Divinos permite al cabalista alinear su alma con estas diferentes energías, facilitando el proceso de elevación espiritual.

En el contexto de la creación, la Cabalá enseña que los Nombres Divinos son las herramientas con las cuales Dios creó y sostiene el universo. En el Sefer Yetzirá, el "Libro de la Creación", hay una explicación detallada de cómo las letras hebreas y los Nombres Divinos fueron usados por Dios para dar forma al mundo. Los Nombres son como bloques de construcción espirituales, cada uno portando una función específica en el gran proyecto de la creación. El Tetragrámaton, por ejemplo, es considerado la fórmula más fundamental, el "nombre de cuatro letras" que contiene los secretos del proceso creativo.

Otro Nombre que posee gran poder en la Cabalá es el Shem HaMeforash, el "Nombre Inefable", que está compuesto de 72 combinaciones de tres letras. Conocido como los 72 Nombres de Dios, esta secuencia es considerada una de las herramientas más poderosas para conectarse con las energías divinas. Cada uno de los 72 Nombres refleja un aspecto específico de la divinidad y puede ser utilizado para una serie de propósitos espirituales, como protección, curación, prosperidad y orientación. Estos Nombres son a menudo meditados o recitados en combinaciones específicas para alcanzar objetivos espirituales y materiales, ayudando al practicante a alinearse con las energías cósmicas.

La utilización de los Nombres Divinos en la Cabalá también está ligada al Tikún, el proceso de corrección espiritual. Invocar correctamente un Nombre Divino puede restaurar el equilibrio perdido, tanto a nivel individual como colectivo. Por ejemplo, si una persona está enfrentando un período de turbulencia emocional o espiritual, meditar sobre el Nombre Elohim puede ayudar a restaurar el equilibrio y el orden, trayendo estabilidad al caos. De la misma manera, el Nombre YHVH es frecuentemente invocado para traer armonía y misericordia a situaciones en las que hay sufrimiento o conflicto.

Una de las grandes lecciones de la Cabalá es que los Nombres Divinos no son palabras mágicas que garanticen resultados automáticos. Su poder solo se revela cuando son invocados con *kavaná*, es decir, con intención espiritual pura y enfoque adecuado. El cabalista debe estar en sintonía con la energía que el Nombre representa y comprenderla a un nivel profundo. Además, los Nombres Divinos no se utilizan a la ligera; son herramientas sagradas que exigen respeto y reverencia. El uso inadecuado o sin intención clara puede resultar en desequilibrios o incluso en consecuencias espirituales negativas.

En la práctica, los Nombres Divinos son a menudo inscritos en amuletos, utilizados en meditaciones o recitados en oraciones especiales. Estos amuletos, grabados con combinaciones específicas de Nombres, se usan para protección espiritual, curación y elevación. La Cabalá reconoce que los Nombres son canales para energías divinas y, por lo tanto, son medios poderosos de conectarse con las esferas espirituales, atrayendo bendiciones y protección para la vida del practicante. Sin embargo, es siempre esencial recordar que el poder real está en la intención y en la alineación espiritual, y no en las palabras en sí.

De esta forma, los Nombres Divinos ofrecen al cabalista una vía directa de conexión con lo divino y de influencia sobre las fuerzas espirituales. Reflejan las diferentes facetas de Dios, desde la misericordia expansiva de YHVH hasta el juicio de Elohim, y permiten al practicante trabajar conscientemente con estas energías para alcanzar equilibrio, armonía y corrección.

La Cabalá ofrece un vasto abanico de herramientas espirituales que permiten al practicante acceder a las energías divinas por medio de la invocación de los Nombres Sagrados. El uso adecuado de estas prácticas proporciona al cabalista no solo una conexión más profunda con las fuerzas divinas, sino también la capacidad de canalizar estas energías para curar, proteger y transformar su propia vida y el mundo a su alrededor.

Uno de los aspectos centrales del uso de los Nombres Divinos es la meditación. En la Cabalá, la meditación con los Nombres Divinos no es solo un proceso de reflexión mental, sino una práctica espiritual profunda que involucra tanto al cuerpo como al alma. Meditar en un Nombre Divino permite al cabalista alinear su propia conciencia con el aspecto específico de

Dios que el Nombre representa. Por ejemplo, meditar en el Tetragrámaton, YHVH, es una manera de sintonizarse con las cualidades de misericordia, armonía y creación. El practicante visualiza las letras del Nombre, contempla su significado y su función, permitiendo que esas energías fluyan en su mente, emociones y cuerpo.

Para comenzar una meditación cabalística con los Nombres Divinos, el practicante debe entrar en un estado de quietud mental e intención clara (*kavaná*). La intención es esencial, pues sin ella, la práctica puede convertirse en un acto mecánico desprovisto de poder espiritual. Una técnica común involucra la visualización de las letras del Nombre flotando delante del meditador, brillando con luz divina. El practicante puede concentrarse en cada letra individualmente, explorando su significado simbólico y su correspondencia con las esferas espirituales.

Por ejemplo, en la meditación sobre el Tetragrámaton YHVH (יהוה), cada una de las letras es asociada a uno de los Cuatro Mundos de la Cabalá: Yod (י) representa Atzilut (Emanación), He (ה) está ligada a Beriá (Creación), Vav (ו) refleja Yetzirá (Formación), y la segunda He (ה) se conecta a Assiyá (Acción). Al meditar, el cabalista puede visualizar su conciencia moviéndose por estos niveles de existencia, comenzando en la unidad divina de Atzilut y descendiendo hasta el mundo físico de Assiyá, donde la energía del Nombre es manifestada en acciones concretas.

Además de las meditaciones visuales, la recitación de los Nombres Divinos es otra práctica esencial en la Cabalá. Recitar un Nombre con la debida intención y reverencia permite al practicante activar las energías asociadas a ese Nombre. Sin embargo, no se trata solo de repetir sonidos, sino de conectar cada palabra a la intención espiritual correcta. Por ejemplo, al recitar el Nombre Elohim durante una meditación sobre la justicia o la necesidad de equilibrio, el cabalista invoca el poder de la disciplina y el orden cósmico. Elohim está asociado a la Sefirá Guevurá, y al recitar este Nombre, el practicante busca canalizar esa fuerza de contención y equilibrio para su vida.

Cada Nombre Divino tiene un propósito específico, y su uso es adaptado de acuerdo con las necesidades espirituales del momento. Cuando hay necesidad de curación o protección, los Nombres relacionados con la misericordia y el sustento divino, como El Shaddai (ידש לא), pueden ser recitados o meditados. Shaddai es uno de los Nombres de Dios que está íntimamente ligado a la protección y la estabilidad, y su recitación crea una especie de escudo espiritual. La visualización de la escritura de este Nombre en luz brillante alrededor del cuerpo o de un espacio físico puede ser usada para invocar protección contra influencias negativas o fuerzas destructivas.

Otro ejemplo es el uso del Nombre Adonai (ינדא), que simboliza el dominio de Dios sobre el mundo material. Durante las oraciones, especialmente en momentos de acción de gracias o petición de intervención divina, el Nombre Adonai es frecuentemente utilizado para conectar al practicante con la soberanía divina sobre la tierra y el plano físico. Invocar este Nombre ayuda a traer las bendiciones de

Dios a la vida cotidiana, reconociendo Su control sobre la creación y Su capacidad de influenciar directamente el mundo de Assiyá.

Uno de los más poderosos y complejos conjuntos de Nombres Divinos son los 72 Nombres de Dios. Estos Nombres, compuestos de tres letras cada uno, derivan de tres versículos consecutivos del Libro del Éxodo (14:19-21) y son considerados canales directos para las fuerzas divinas. Cada uno de estos 72 Nombres tiene una función espiritual específica, como curación, protección, elevación espiritual, resolución de conflictos y mucho más. Por ejemplo, el Nombre Vav He Vav (והו) está asociado a la apertura de caminos y a la remoción de obstáculos espirituales. Meditar en este Nombre o recitarlo en momentos de bloqueo o dificultad puede traer una renovación de energía y claridad.

Para usar los 72 Nombres de Dios de manera eficaz, el cabalista necesita primero entender el propósito de cada Nombre. La práctica involucra tanto la recitación como la visualización de las letras correspondientes, permitiendo que la energía de ese Nombre específico fluya para su vida. Algunas tradiciones cabalísticas también utilizan estos Nombres en amuletos o talismanes, escritos en pergaminos o grabados en objetos que el practicante lleva consigo para protección o fortalecimiento espiritual.

Además, la Cabalá enseña que los Nombres Divinos tienen una función protectora. Durante momentos de vulnerabilidad espiritual, o cuando el practicante se encuentra bajo ataque de fuerzas negativas, invocar el Nombre adecuado puede generar un campo de protección a su alrededor. Esto es especialmente importante en las prácticas cabalísticas avanzadas, donde el cabalista puede estar lidiando con energías poderosas que requieren gran cuidado y protección. Invocar Nombres como El Shaddai o meditar en los 72 Nombres de Dios asociados a la protección crea una barrera espiritual que impide la entrada de influencias negativas.

La práctica de invocación de los Nombres Divinos no es exclusiva de momentos de necesidad o crisis; también se utiliza para la elevación espiritual continua. Durante la oración diaria, el cabalista puede integrar diferentes Nombres en sus plegarias, elevando su alma hacia los niveles más altos de conciencia. Cada recitación debe ser acompañada de intención y foco, pues la Cabalá enseña que la eficacia espiritual está directamente ligada a la calidad de la *kavaná*. Orar o meditar de forma automática, sin conciencia plena del propósito y del significado, puede debilitar el impacto espiritual de la práctica.

Por último, un aspecto importante del uso práctico de los Nombres Divinos en la Cabalá es el cuidado y respeto con que deben ser tratados. No se recomienda el uso indiscriminado de estos Nombres sin el debido entendimiento y preparación. El cabalista debe aproximarse a estas prácticas con reverencia, sabiendo que los Nombres cargan la energía creativa de Dios y que su uso inadecuado puede resultar en desequilibrio espiritual. Por esta razón, el estudio profundo, la orientación de un mentor espiritual y el cultivo de una vida espiritual disciplinada son fundamentales para cualquier persona que desee trabajar con los Nombres Divinos de manera eficaz.

Por lo tanto, los Nombres Divinos en la Cabalá son herramientas sagradas de gran poder espiritual. Cuando se usan con intención clara, meditación enfocada y reverencia, ofrecen un camino directo para acceder a las energías divinas y transformarlas en bendiciones, protección, curación y elevación espiritual. Estos Nombres no son solo palabras, sino portales a las fuerzas más profundas y fundamentales de la creación, permitiendo al cabalista participar activamente en la corrección del mundo y en la armonización de la realidad con el plan divino.

Capítulo 6
Ángeles y Demonios en la Cabalá

En la Cabalá, el universo está poblado por una vasta gama de entidades espirituales, de las cuales los ángeles y los demonios son algunos de los más importantes. Estos seres espirituales actúan como intermediarios entre los mundos superiores y el mundo físico, influenciando la vida humana y el funcionamiento del cosmos. La creencia en ángeles y demonios no es exclusiva de la Cabalá, pero el sistema cabalístico ofrece una perspectiva única sobre el papel y la función de estas entidades, revelando su importancia en el equilibrio espiritual del universo y en el viaje del alma.

Los ángeles, en la visión cabalística, son emisarios divinos que sirven como canales para la luz y la voluntad de Dios. Se describen como seres creados a partir de energía pura y divina, incapaces de cometer errores o actuar contra la voluntad divina. Cada ángel tiene una función específica, generalmente asociada a un aspecto de la creación o a una tarea espiritual. Por ejemplo, el ángel Miguel (Mikael) es tradicionalmente asociado a la misericordia y a la protección, mientras que Gabriel está ligado a la justicia y al juicio. Estos ángeles son vistos como extensiones de las Sefirot, las emanaciones divinas, y sus funciones reflejan las cualidades de estas Sefirot.

En el sistema cabalístico, los ángeles no son seres autónomos, sino agentes que ejecutan la voluntad divina. No poseen libre albedrío, como los seres humanos, y su misión es siempre cumplir los decretos divinos, sea en el mundo espiritual o en el físico. Uno de los textos fundamentales de la Cabalá, el Zohar, describe a los ángeles como canales que transportan las oraciones de los seres humanos hacia los reinos superiores, ayudando a realizar el Tikún Olam, la corrección del mundo. Cuando una persona hace una oración con kavaná (intención profunda y consciente), los ángeles son responsables de llevar esa oración a su destino final en las esferas divinas, donde puede ser respondida de acuerdo con la voluntad de Dios.

Los ángeles también desempeñan un papel crucial en la protección espiritual. Muchos cabalistas creen que cada persona tiene ángeles guardianes que la acompañan durante su vida, protegiéndola de influencias negativas y guiándola en momentos de dificultad. Estos ángeles protectores son frecuentemente invocados en oraciones y meditaciones cabalísticas. Un ejemplo clásico es la oración de protección conocida como Birkat HaMalahim (Bendición de los Ángeles), en la cual se pide que ángeles como Miguel, Gabriel, Uriel y Rafael estén alrededor de la persona, trayendo protección, cura e iluminación.

Además de los ángeles individuales, existen también jerarquías angelicales. La Cabalá enseña que los ángeles están organizados en diferentes órdenes y categorías, cada una con sus funciones y atributos específicos. Estas jerarquías reflejan las diferentes capas de la creación y la manera como la luz divina se manifiesta en los varios niveles del universo. Los ángeles de órdenes superiores, como los Serafines y los Ofanines, están más cerca del trono divino y son encargados de mantener la armonía en las esferas espirituales más elevadas. En cambio, los ángeles de órdenes inferiores, como los Malachim y los Ishim, interactúan más directamente con el mundo físico y con la vida humana.

Los ángeles también están profundamente ligados a los Nombres Divinos. Cada ángel es una expresión de un Nombre de Dios, y su poder deriva directamente de ese Nombre. Esto significa que, al invocar un Nombre Divino, el cabalista también está accediendo al ángel asociado a ese Nombre y a su función específica. Por ejemplo, el ángel Rafael, que está asociado a la cura, está directamente ligado al Nombre Divino El Shaddai, el Nombre que refleja la suficiencia y la protección de Dios. Invocar el Nombre de El Shaddai, por lo tanto, es también una forma de llamar por la asistencia de Rafael para cuestiones de salud y cura.

Por otro lado, la Cabalá también reconoce la existencia de fuerzas negativas, frecuentemente descritas como demonios o Qlipot. Mientras que los ángeles sirven como canales para la luz divina, los demonios son vistos como manifestaciones de desequilibrio, fragmentación y oscuridad. Ellos habitan las Qlipot, las "cáscaras" o "conchas" espirituales que envuelven la luz divina y la obscurecen. Estas fuerzas negativas surgen cuando hay una quiebra en la armonía de las Sefirot o cuando las energías divinas son mal utilizadas. A diferencia de los ángeles, que son enteramente buenos, los demonios son descritos como fuerzas caóticas y destructivas que representan el mal y el desorden en el cosmos.

Los demonios en la Cabalá no son seres independientes que se oponen directamente a Dios. En lugar de eso, son el resultado de energías desbalanceadas o mal direccionadas. La Cabalá enseña que, en el proceso de creación, parte de la luz divina fue "quebrada" y cayó en las Qlipot, resultando en un estado de fragmentación. Estas "cáscaras" aprisionan la luz y crean fuerzas negativas, que los cabalistas deben aprender a reconocer y corregir. De esta forma, los demonios son vistos como reflejos del libre albedrío humano y de su capacidad de crear desequilibrio cuando actúa de forma egoísta o destructiva.

Es importante entender que los demonios en la Cabalá no son entidades con poder absoluto sobre los seres humanos. Son fuerzas de desequilibrio que pueden ser neutralizadas o redimidas a través del Tikún, el proceso de corrección espiritual. Cuando una persona actúa con intención negativa o se aleja de la luz divina, puede inadvertidamente alimentar las Qlipot, fortaleciendo estas fuerzas destructivas. Sin embargo, al reconocer estos desequilibrios y comprometerse en prácticas espirituales correctivas, el cabalista puede restaurar la armonía y disipar la influencia de las Qlipot.

En la práctica cabalística, existen varias maneras de neutralizar fuerzas negativas o demonios. Una de ellas es el uso de los Nombres Divinos y de las oraciones de protección. Invocar Nombres como Elohim o Adonai en momentos de peligro espiritual puede crear una barrera protectora que impide la influencia de las Qlipot. Además, la meditación en las Sefirot superiores, como Tiferet (armonía) y Yesod (fundación), puede ayudar a reequilibrar las energías internas y externas, debilitando la presencia de fuerzas negativas.

Otra forma de lidiar con estas fuerzas negativas es a través del arrepentimiento y de la rectificación espiritual. Cuando una persona reconoce que actuó de manera egoísta o destructiva, puede involucrarse en el proceso de Teshuvá (arrepentimiento), retornando a la luz divina y corrigiendo los errores que alimentaron las Qlipot. La Cabalá enseña que, al hacer Teshuvá, el practicante no solo neutraliza el mal, sino que también transforma la oscuridad en luz, redimiendo las energías aprisionadas en las Qlipot y elevándolas de vuelta a las Sefirot.

Además de influenciar la vida individual, los ángeles y demonios también desempeñan un papel en el mantenimiento del orden cósmico. Los ángeles trabajan para sustentar el equilibrio de las Sefirot y garantizar que la luz divina fluya de manera armoniosa por todo el universo. Ellos son los guardianes de la creación, manteniendo el orden y protegiendo la armonía entre los mundos. En cuanto a los demonios, aunque crean caos y desorden, también sirven a un propósito más amplio, pues su presencia desafía a los seres humanos a actuar de forma justa y equilibrada. La Cabalá enseña que, sin el desafío de las fuerzas negativas, el libre albedrío humano no tendría significado, y el crecimiento espiritual sería imposible.

El trabajo espiritual del cabalista, por lo tanto, involucra reconocer la presencia de estas fuerzas opuestas y aprender a integrarlas de forma armoniosa. Los ángeles son aliados en la jornada espiritual, guiando, protegiendo y sustentando al practicante en su búsqueda por la unidad con lo divino. Al mismo tiempo, los demonios representan desafíos que deben ser superados a través de la conciencia espiritual, de la disciplina y del autocontrol. Al equilibrar estas influencias, el cabalista camina en dirección a la iluminación, ayudando a restaurar el orden cósmico y la armonía entre el bien y el mal.

Por lo tanto, en la Cabalá, ángeles y demonios no son solo figuras mitológicas o simbólicas, sino representaciones profundas de las energías que permean el universo y la vida humana. Ellos son reflejos de las fuerzas espirituales que operan en el mundo, y el entendimiento de estas entidades es crucial para cualquier practicante que desee caminar con sabiduría y discernimiento en el camino espiritual.

Ahora que comprendemos las naturalezas y funciones de los ángeles y demonios en el sistema cabalístico, es importante explorar cómo el cabalista puede interactuar con estas fuerzas espirituales en la práctica diaria. Este segmento profundiza en las técnicas para conectarse con los ángeles, neutralizar las influencias demoníacas y mantener la pureza espiritual necesaria para trabajar con estas entidades de manera equilibrada. La Cabalá ofrece métodos detallados para lidiar tanto con los mensajeros divinos como con las fuerzas negativas, permitiendo al practicante navegar con seguridad por el mundo espiritual.

La conexión con los ángeles es uno de los aspectos más fascinantes y prácticos de la Cabalá. Como se describió anteriormente, los ángeles son mensajeros divinos y guardianes de la armonía espiritual. Para conectarse con ellos, el cabalista debe primero entender la importancia de la pureza espiritual. A diferencia de los seres humanos, que poseen libre albedrío y pueden desviarse de la voluntad divina, los ángeles son manifestaciones puras de la energía de Dios. Esto significa que la interacción con ellos requiere un nivel elevado de intención espiritual (kavaná) y una mente enfocada en el propósito de elevación.

Una de las prácticas más comunes en la Cabalá para invocar la presencia de los ángeles es la oración. La oración no solo sirve para invocar el auxilio divino, sino que también es una manera de solicitar la intercesión de los ángeles. Por ejemplo, al recitar la Birkat HaMalahim (Bendición de los Ángeles), el cabalista pide específicamente que ángeles como Miguel, Gabriel, Rafael y Uriel se aproximen y traigan sus bendiciones de protección, cura, iluminación y justicia. Estas oraciones son poderosas porque canalizan las energías específicas asociadas a cada uno de estos ángeles y las traen al mundo físico, promoviendo la conexión con lo divino.

La meditación en las jerarquías angelicales es otro método eficaz para conectarse con estos mensajeros espirituales. Cada ángel está asociado a una Sefirá o a un aspecto específico de la creación. Al meditar en una Sefirá, como Tiferet (armonía) o Guevurá (juicio), el cabalista se sintoniza con las cualidades espirituales de esa esfera y, consecuentemente, con los ángeles que actúan dentro de esa energía. Para hacer esto, el practicante puede visualizar la luz de la Sefirá y concentrarse en sus cualidades, permitiendo que la presencia de los ángeles que corresponden a esa Sefirá se manifieste. Por ejemplo, al meditar en Tiferet, el practicante puede conectarse con el ángel Rafael, cuya función es promover cura y armonía.

Las visualizaciones son una técnica adicional para crear un puente entre el cabalista y el mundo angelical. Durante la meditación, el practicante puede visualizar un círculo de luz a su alrededor, con ángeles posicionados en las cuatro direcciones cardinales. Cada ángel tiene un color y un propósito específicos. Miguel, asociado al elemento fuego y a la dirección sur, es visualizado en un tono de rojo brillante. Gabriel, relacionado con el agua y el norte, es visto en tonos de azul profundo. Uriel, ángel de la tierra y del este, aparece en dorado o marrón, mientras que Rafael, el ángel de la cura y del oeste, es visto envuelto en una luz verde esmeralda. Esta práctica crea un escudo de protección alrededor del cabalista, permitiendo que se sienta envuelto por la presencia y protección angelical durante momentos de vulnerabilidad espiritual.

Es importante que, al conectarse con los ángeles, el cabalista siempre mantenga una postura de humildad y respeto. En la Cabalá, los ángeles no son seres que deben ser adorados, sino reconocidos como extensiones de la voluntad divina. Ellos son compañeros en la jornada espiritual, y el cabalista debe abordarlos con reverencia, sabiendo que la verdadera fuente de poder es siempre Dios. La oración y la meditación ayudan a establecer esta relación de cooperación, donde el ángel sirve como un guía y protector, pero nunca como un objeto de veneración.

Por otro lado, la Cabalá también enseña maneras eficaces de neutralizar fuerzas demoníacas y deshacer la influencia de las Qlipot. Como se mencionó anteriormente, las Qlipot son "cáscaras" espirituales que aprisionan la luz divina y causan desequilibrios. Cuando el cabalista reconoce que está siendo influenciado por energías negativas, debe tomar medidas inmediatas para restaurar el equilibrio.

Una de las técnicas más eficaces para disipar influencias negativas es la invocación de los Nombres Divinos. El Nombre Elohim, asociado a la Sefirá Guevurá, es muchas veces usado en momentos de tensión o cuando hay una presencia espiritual negativa. Este Nombre trae una energía de juicio y contención, ayudando a restaurar el orden donde hay caos. Al invocar Elohim, el cabalista puede alejar la oscuridad y las fuerzas desordenadas que se infiltraron en su vida. Además, recitar el Salmo 91, conocido como una oración de protección contra fuerzas negativas, es ampliamente utilizado en tradiciones cabalísticas para alejar demonios y otras influencias perjudiciales.

La limpieza espiritual también es un aspecto fundamental en la protección contra energías negativas. Existen rituales cabalísticos de purificación que ayudan a remover estas influencias indeseadas. Un ejemplo de esto es el uso de la mikvá, un baño ritual de purificación. Aunque la mikvá es tradicionalmente usada en contextos de pureza física y espiritual, también puede ser usada para limpiar a la persona de energías negativas acumuladas a lo largo del tiempo. Sumergirse en la mikvá con la intención correcta (kavaná) permite al cabalista reconectarse con la luz divina y librarse de las Qlipot que obscurecen su alma.

Otro método eficaz para lidiar con fuerzas demoníacas es el uso de amuletos cabalísticos. Estos amuletos, escritos o grabados con Nombres Divinos o combinaciones de letras hebreas sagradas, funcionan como escudos de protección. Uno de los amuletos más comunes es aquel que lleva el Nombre Shaddai (ידש), que es ampliamente usado para protección y seguridad espiritual. Cargar o colgar un amuleto grabado con el Nombre Shaddai ayuda a alejar fuerzas negativas y a crear un campo de energía protectora alrededor del practicante. Sin embargo, el cabalista debe siempre recordar que la verdadera eficacia del amuleto depende de su propia intención y conexión espiritual.

Para fortalecer la protección espiritual y neutralizar demonios, la oración de exorcismo también puede ser utilizada. En la Cabalá, estas oraciones son invocaciones específicas que piden la ayuda de los Nombres Divinos y de los ángeles para expulsar energías negativas. Recitar estas oraciones con kavaná es crucial, pues ellas canalizan la energía de las esferas superiores y la dirigen contra las influencias destructivas. Además, el cabalista puede meditar en las

Sefirot de equilibrio, como Tiferet y Yesod, para restaurar la armonía interna y, así, debilitar la influencia de las Qlipot.

Otro aspecto vital de la interacción con ángeles y demonios es el mantenimiento de una vida moral y ética. La Cabalá enseña que el comportamiento humano afecta directamente el equilibrio entre las fuerzas espirituales. Cuando una persona actúa de manera altruista y compasiva, alimenta a los ángeles que guían sus acciones. Por otro lado, acciones egoístas o destructivas fortalecen las Qlipot, creando oportunidades para que los demonios ejerzan su influencia. Por lo tanto, la práctica cabalística enfatiza que la vida moral no es solo un deber religioso, sino una protección espiritual contra las fuerzas negativas.

Teshuvá (arrepentimiento) es una de las formas más poderosas de liberar el alma de la influencia de las Qlipot. Cuando una persona reconoce sus errores y busca activamente la corrección de sus caminos, abre espacio para que la luz divina retorne a su vida. El acto de arrepentimiento, acompañado de oraciones y meditaciones, purifica el alma y disuelve las energías negativas que la estaban aprisionando. En la Cabalá, el arrepentimiento no solo remueve las consecuencias espirituales de las malas acciones, sino que también transforma el mal en bien, redimiendo las energías fragmentadas y restaurando la armonía.

La interacción con ángeles y demonios en la Cabalá es una parte esencial del camino espiritual, exigiendo discernimiento, pureza de intención y un profundo compromiso con la práctica espiritual. Los ángeles son aliados poderosos que guían y protegen al cabalista en su jornada, mientras que los demonios representan desafíos y obstáculos que deben ser superados a través de la disciplina y de la rectificación. Comprender y aplicar estas prácticas permite al cabalista no solo crecer espiritualmente, sino también contribuir a la corrección del mundo, disipando la oscuridad y trayendo luz divina a la creación.

Capítulo 7
El Alma en la Cabalá
Nefesh, Ruach, Neshamá

La Cabalá ofrece una visión profunda y compleja del alma humana, que es vista como una manifestación multifacética de energías espirituales. A diferencia de la comprensión común del alma como una entidad única e indivisible, la Cabalá enseña que el alma se compone de varios niveles o capas, cada uno de los cuales representa un aspecto diferente de la existencia espiritual del ser humano. Estos niveles son conocidos como Nefesh, Ruach y Neshamá, y cada uno tiene su función distintiva, su relación con el cuerpo físico y su conexión con el universo espiritual.

El primer y más básico nivel del alma es el Nefesh, que puede ser descrito como el "alma animal". Nefesh está íntimamente ligado al cuerpo físico y a las funciones biológicas del ser humano. Es la fuerza vital que anima el cuerpo, controlando los procesos instintivos y físicos. El Nefesh es responsable de nuestras necesidades básicas, como comer, dormir y la autopreservación. Esta capa del alma está más conectada al mundo de Assiyah, el plano de la acción y de la materialidad, reflejando las preocupaciones más terrenales e inmediatas de la existencia humana. Sin embargo, aun siendo la capa más "básica", el Nefesh no debe ser visto como algo negativo. Es la base de la vida, y sin él, el alma no podría existir en el plano físico.

Aunque el Nefesh es responsable de los aspectos más instintivos de la vida, también contiene el potencial para el desarrollo espiritual. La purificación del Nefesh es el primer paso en la jornada espiritual del cabalista. El objetivo es elevar este nivel del alma, refinando los instintos y los deseos para que no dominen a la persona, sino que, al contrario, se integren de forma armoniosa con los niveles superiores del alma. La meditación cabalística y las prácticas de autoperfeccionamiento se usan para transformar las energías del Nefesh de meros instintos animales en algo más espiritualizado, permitiendo que la persona se vuelva más consciente de su conexión con las dimensiones espirituales más elevadas.

El segundo nivel del alma es el Ruach, que puede ser traducido como "espíritu" o "viento". El Ruach es la capa emocional y moral del alma, relacionada con las emociones, el carácter y la personalidad. Está más elevado que el Nefesh y actúa como un puente entre el cuerpo físico y los reinos espirituales superiores. Mientras que el Nefesh está ligado a las necesidades físicas, el Ruach es responsable de nuestras emociones, aspiraciones y la capacidad de discernir el bien y el mal. Está relacionado con el plano de Yetzirah, el mundo de la formación, donde las fuerzas emocionales y psíquicas están en juego.

El Ruach es donde las cualidades emocionales del ser humano son refinadas y desarrolladas. La práctica cabalística enseña que es necesario controlar y equilibrar las emociones para que no se conviertan en fuerzas destructivas. En lugar de sucumbir a la ira, la envidia o el egoísmo, el cabalista busca cultivar emociones positivas como el amor, la compasión y la gratitud. El Ruach también está asociado a la capacidad de discernimiento moral, permitiendo al ser humano hacer elecciones éticas y vivir de acuerdo con los principios divinos. A través de la elevación del Ruach, el practicante aprende a superar las emociones negativas y a vivir de manera equilibrada y armoniosa, conectándose con las energías espirituales superiores.

El tercer y más elevado nivel del alma es el Neshamá, que significa "alma divina". El Neshamá es el nivel más próximo a Dios y está conectado a la inteligencia superior y a la conciencia espiritual. Representa la chispa divina que reside dentro de cada ser humano, la parte del alma que está siempre en contacto con las esferas más altas de la existencia. El Neshamá está ligado al mundo de Beriá, el mundo de la creación, donde las ideas puras y los conceptos abstractos comienzan a tomar forma.

El Neshamá es la fuente de la sabiduría espiritual y de la comprensión profunda de la realidad. Cuando una persona accede al Neshamá, se eleva por encima de las preocupaciones terrenales y pasa a ver la vida bajo una perspectiva más amplia y espiritual. Este nivel del alma permite al cabalista percibir la unidad subyacente a todas las cosas, conectándose con el propósito divino y experimentando una profunda sensación de paz y armonía. Sin embargo, acceder al Neshamá no es una tarea simple. Requiere años de práctica espiritual, meditación y la superación de los niveles más bajos del alma, como el Nefesh y el Ruach. Solo cuando estos niveles están purificados y equilibrados es que el cabalista puede realmente experimentar el nivel del Neshamá.

Cada uno de estos tres niveles del alma —Nefesh, Ruach y Neshamá— es interdependiente. El Nefesh proporciona la base física necesaria para la vida; el Ruach permite que las emociones y los valores morales guíen las acciones de la persona; y el Neshamá conecta el alma con lo divino y con el propósito mayor de la existencia. Aunque cada nivel tiene sus propias características, no están aislados. El Nefesh, por ejemplo, puede influenciar al Ruach, así como el Ruach puede influenciar al Neshamá. La práctica cabalística busca armonizar estos tres niveles, permitiendo que trabajen en conjunto de manera equilibrada y armoniosa.

El proceso de elevación espiritual en la Cabalá involucra la purificación y la integración de estos tres niveles del alma. El cabalista debe primero trabajar en el nivel del Nefesh, controlando sus deseos e instintos para que no lo dominen. En seguida, debe cultivar y refinar el Ruach, equilibrando sus emociones y desarrollando un fuerte sentido de moralidad. Luego, puede concentrarse en el Neshamá, buscando sabiduría espiritual y conexión directa con lo divino. Este proceso es continuo y requiere disciplina, paciencia y dedicación. Sin embargo, a medida que el cabalista avanza en su jornada, se aproxima cada vez más a su verdadero propósito espiritual.

La Cabalá enseña que el alma no es solo una entidad pasiva que existe dentro del cuerpo; es activa y dinámica, constantemente interactuando con los mundos espirituales y con el universo alrededor. Cuando una persona se involucra en prácticas espirituales, no solo eleva su propia alma, sino que también contribuye a la elevación del mundo. Este concepto está ligado al Tikún Olam, el proceso de corrección espiritual que busca restaurar la armonía en el universo. Al purificar y elevar su alma, el cabalista ayuda a corregir las imperfecciones del mundo y a traer más luz divina a la creación.

Además de Nefesh, Ruach y Neshamá, la Cabalá también menciona otros dos niveles del alma que son más elevados y menos accesibles a la mayoría de las personas. Estos niveles son el Chaya y el Yechidá. El Chaya está relacionado con el nivel de unidad espiritual, donde la persona experimenta la vida como una expresión directa de la voluntad divina. El Yechidá, a su vez, es el nivel más elevado del alma, donde la persona experimenta la unidad absoluta con Dios, sin distinción entre el individuo y el Creador. Estos niveles, sin embargo, solo pueden ser accedidos por individuos que han alcanzado un estado muy avanzado de desarrollo espiritual.

Por lo tanto, la visión cabalística del alma no es solo una descripción de nuestra naturaleza interior, sino un mapa detallado para la jornada espiritual. Comprender y trabajar con los niveles del alma —Nefesh, Ruach y Neshamá— permite al cabalista navegar por las dimensiones de la existencia, elevándose de los deseos terrenales hasta la sabiduría divina. El alma, en la Cabalá, es el elo entre el ser humano y lo divino, y al nutrir y purificar esta conexión, el practicante se aproxima cada vez más a la luz de Dios y al verdadero propósito de su vida.

Ahora que los tres niveles del alma –Nefesh, Ruach y Neshamá– han sido presentados, es necesario profundizar cómo cada uno de estos niveles puede ser elevado y purificado, permitiendo al cabalista conectarse de forma más profunda y consciente con su esencia espiritual. La Cabalá no solo describe la estructura del alma, sino que también ofrece herramientas prácticas para refinar estos niveles, orientando al individuo en su jornada de crecimiento espiritual.

El Nefesh, como el nivel más básico del alma, representa la fuerza vital y está íntimamente ligado al cuerpo físico y a los instintos. Es el primer punto de contacto entre el alma y el mundo material. La elevación del Nefesh no implica el rechazo de las necesidades físicas o instintivas, sino el refinamiento de estas energías para que puedan servir a un propósito espiritual mayor. La Cabalá enseña que, cuando el Nefesh está en su estado más puro, permite que el individuo mantenga un equilibrio saludable entre sus deseos físicos y su aspiración espiritual.

La práctica cabalística ofrece diversas maneras de purificar el Nefesh. Un método central es la disciplina ética y moral, conocida como Musar. Al seguir los preceptos de justicia, bondad y autosuperación, el individuo gradualmente transforma sus tendencias instintivas en comportamientos alineados con la voluntad divina. El control sobre los impulsos, como la ira, la envidia o el deseo desmedido, es fundamental para esta transformación. La Cabalá sugiere que el Nefesh sea canalizado a través de acciones constructivas, como la práctica de la caridad (Tzedaká) y la involucración en actos de bondad (Chesed), que ayudan a purificar el alma en su nivel más instintivo.

Además de la disciplina ética, la meditación también desempeña un papel crucial en la purificación del Nefesh. Meditaciones enfocadas en el cuerpo y en la respiración ayudan a traer mayor conciencia de las necesidades físicas y emocionales, permitiendo que el practicante las enfrente de manera equilibrada y consciente. Al meditar sobre la Sefirá Malchut, que está asociada al mundo físico y al Nefesh, el cabalista puede enfocarse en la armonización de sus energías físicas con su propósito espiritual, aprendiendo a gobernar su cuerpo y sus deseos con sabiduría.

Después del Nefesh, el Ruach, el nivel emocional y moral del alma, también debe ser purificado. El Ruach es responsable por las emociones y por la capacidad de discernimiento moral, y su elevación depende de la capacidad del cabalista de refinar sus emociones y desarrollar un carácter moral elevado. Uno de los principales desafíos de este nivel es el equilibrio de las emociones. Desequilibrios emocionales, como el apego excesivo, la ira o el miedo, pueden bloquear el flujo de energía espiritual e impedir el desarrollo del Ruach.

La práctica de autoevaluación emocional es esencial para el desarrollo del Ruach. Esto involucra un análisis regular de las propias emociones y motivaciones, a fin de reconocer y transformar sentimientos que puedan estar desequilibrados. La Cabalá sugiere que el cabalista contemple las emociones a la luz de las Sefirot, identificando en cuál Sefirá determinada emoción está basada y cómo puede ser equilibrada. Por ejemplo, la ira excesiva puede ser vista como un desequilibrio en la Sefirá Guevurá (fuerza y restricción), y para equilibrarla, el practicante debe buscar cultivar las cualidades de Chesed (misericordia y bondad), que suavizan y armonizan la energía de Guevurá.

Además de la autoevaluación, el Ruach puede ser elevado a través de la práctica de la oración. En la Cabalá, la oración no es solo una petición, sino una forma de elevación espiritual que alinea las emociones humanas con la voluntad divina. Cuando oramos con Kavaná (intención enfocada), estamos no solo expresando nuestros sentimientos, sino también refinando y purificando nuestras emociones a medida que nos conectamos con las energías espirituales superiores. La oración diaria, especialmente aquellas que involucran el uso de los Nombres Divinos, ayuda a regular las emociones y a desarrollar un sentido más profundo de equilibrio y armonía interior.

Por último, el Neshamá, el nivel más elevado del alma accesible en la vida cotidiana, requiere un tipo diferente de trabajo espiritual. Mientras el Nefesh lidia con las necesidades físicas y el Ruach con las emociones y el carácter, el Neshamá está relacionado con la sabiduría y la conexión directa con lo divino. La elevación del Neshamá exige que el cabalista trascienda las limitaciones materiales y alcance un estado de conciencia superior.

La práctica más importante para elevar el Neshamá es la contemplación y estudio de los textos sagrados, especialmente el Zohar y el Sefer Yetzirah, que contienen los misterios de la creación y de la naturaleza del alma. El estudio de estos textos no es solo un ejercicio intelectual, sino un medio de acceder a niveles más profundos de la conciencia. Al involucrarse con estos textos, el cabalista expande su mente y su alma, aproximándose a la sabiduría divina que reside en el Neshamá. La Cabalá enseña que el estudio y la meditación en los misterios divinos despiertan el Neshamá, permitiendo que la persona vea el mundo con una claridad espiritual que trasciende las preocupaciones terrenales.

Otra práctica asociada al Neshamá es la meditación profunda en las Sefirot superiores, como Chochmá (sabiduría) y Biná (entendimiento). Estas Sefirot están directamente conectadas al Neshamá y representan los niveles más elevados de comprensión espiritual. Meditar sobre estas Sefirot permite al cabalista sintonizar su alma con las frecuencias más elevadas de la creación, facilitando una conexión más profunda con lo divino. Durante estas meditaciones, el practicante visualiza la luz divina descendiendo a través de las Sefirot y llenando su mente y su alma con sabiduría y claridad.

Además, el Neshamá es elevado a través del desarrollo de una vida contemplativa, donde la persona busca alinearse continuamente con el propósito divino.

El cabalista que vive con esta conciencia no solo se eleva espiritualmente, sino que también influencia el mundo a su alrededor. La Cabalá enseña que, cuando el Neshamá está despierto, la persona actúa como un canal de luz, trayendo sabiduría y armonía para aquellos a su alrededor y ayudando a restaurar el equilibrio en el universo.

Es importante recordar que los tres niveles del alma –Nefesh, Ruach y Neshamá– no son entidades separadas, sino que están íntimamente interligados. El Nefesh, por ejemplo, influencia al Ruach, y el Ruach, a su vez, afecta al Neshamá. Por lo tanto, la purificación y elevación del alma requiere un esfuerzo holístico. El cabalista debe trabajar en todos los niveles simultáneamente, integrando las necesidades físicas, emocionales y espirituales en una práctica coherente.

Además, el proceso de elevación espiritual es continuo. El alma, según la Cabalá, está siempre en movimiento, subiendo y bajando a través de los diferentes niveles de existencia. Incluso cuando una persona alcanza un estado elevado de conciencia, todavía enfrenta desafíos y oportunidades de crecimiento. La práctica espiritual cabalística enseña que cada acción, pensamiento y emoción tiene el potencial de elevar o rebajar el alma, dependiendo de la intención y de la conciencia detrás de ella.

La purificación de los niveles más bajos del alma es un prerrequisito para acceder a los niveles más elevados. Esto significa que, aunque el cabalista pueda aspirar a la sabiduría del Neshamá, debe primero garantizar que su Nefesh esté purificado y que su Ruach esté equilibrado. Solamente cuando estas capas más básicas están en armonía es que el cabalista puede comenzar a acceder a los misterios más profundos de la creación y del alma.

El propósito último de la elevación del alma en la Cabalá es la unificación con lo divino. A través del trabajo de purificación y elevación, el cabalista busca retornar a su verdadera esencia, la chispa divina que reside en el Neshamá. Cuando esta unificación es alcanzada, la persona experimenta una integración profunda entre el cuerpo, la mente y el espíritu, viviendo en alineación con el propósito divino y contribuyendo a la armonía cósmica.

Por lo tanto, la jornada espiritual de elevar el Nefesh, Ruach y Neshamá es un proceso continuo de refinamiento y transformación, donde el cabalista, al alinear su vida con los principios divinos, encuentra no solo paz y armonía interior, sino también la verdadera realización espiritual.

Capítulo 8
El Tikún Olam
La Misión Cabalística de Corrección

En el corazón de la Cabalá reside la idea de Tikún Olam, que puede traducirse como "corrección del mundo" o "reparación del mundo". Este concepto es uno de los pilares centrales de la práctica cabalística, reflejando la creencia de que la creación es un proceso continuo, y que el ser humano tiene un papel activo en la restauración de la armonía y la perfección perdidas en la creación. El Tikún Olam no se limita a la dimensión física, sino que abarca también el mundo espiritual, uniendo el microcosmos (el individuo) al macrocosmos (el universo). A través de la elevación espiritual personal y de las acciones correctivas en el mundo físico, el cabalista contribuye a la corrección del universo como un todo.

Para entender el Tikún Olam, es necesario volver al concepto de la ruptura de las vasijas (Shevirat HaKelim), descrito en la Cabalá como un momento primordial en el proceso de la creación. Según la tradición cabalística, antes de la existencia del universo, todo estaba contenido en la luz infinita de Dios, llamada Ein Sof. Sin embargo, cuando Dios deseó crear el mundo, la luz divina fue canalizada hacia "vasijas" espirituales que debían contener y manifestar esa luz. No obstante, las vasijas no fueron capaces de contener la intensidad de esa energía divina y, por lo tanto, se rompieron, causando la "ruptura de las vasijas" y la dispersión de la luz divina en fragmentos. Estos fragmentos de luz, llamados Nitzotzot (chispas), quedaron atrapados en las Qlipot, las "cáscaras" espirituales que oscurecen la luz.

El Tikún Olam, entonces, se refiere al proceso de recolectar estas chispas de luz y liberarlas de las Qlipot, restaurando la armonía perdida de la creación. Este proceso de corrección es un trabajo espiritual continuo, que involucra tanto al individuo como a la humanidad en su conjunto. La Cabalá enseña que cada persona tiene la responsabilidad de participar en este Tikún, ya sea a través del perfeccionamiento personal, de la elevación espiritual, o de acciones concretas en el mundo físico que promuevan la justicia, la bondad y la armonía.

El papel del ser humano en el Tikún Olam es único porque, a diferencia de los ángeles u otras entidades espirituales, el ser humano posee libre albedrío. Esto significa que el individuo puede elegir actuar de manera constructiva o destructiva. Cada elección que una persona hace tiene el potencial de elevar o rebajar la realidad espiritual. Cuando alguien actúa con intención divina (kavaná) y con propósito elevado, sus acciones no solo corrigen su propio comportamiento, sino que también liberan chispas de luz aprisionadas en las Qlipot, contribuyendo a la corrección global. Por otro lado, las acciones egoístas y destructivas alimentan las Qlipot e impiden el proceso de corrección.

Una de las formas más poderosas de participar en el Tikún Olam es a través de las Mitzvot, los mandamientos divinos. En la Cabalá, cada Mitzvá, cuando se realiza con intención espiritual, contribuye a la liberación de las chispas de luz y a la corrección del mundo. Las Mitzvot no son vistas solo como reglas éticas o rituales religiosos, sino como herramientas de elevación espiritual. Cuando una persona cumple una Mitzvá, ya sea una acción de caridad, una oración, o incluso el acto de mantener un pensamiento puro, está participando en el proceso de restaurar la armonía en la creación.

El concepto de Tikún Olam también está íntimamente ligado al libre albedrío. La Cabalá enseña que la creación del mal y de las fuerzas negativas, representadas por las Qlipot, no es un error, sino una parte intencional del plano divino. Estas fuerzas negativas existen para dar al ser humano la oportunidad de ejercer el libre albedrío, elegir el bien y, así, contribuir a la corrección del mundo. La dualidad entre luz y oscuridad, bien y mal, es necesaria para que el Tikún Olam sea posible. Sin la posibilidad de elegir el mal, el bien no tendría significado, y el proceso de corrección no tendría propósito.

Un aspecto importante del Tikún Olam en la práctica cabalística es la meditación sobre las Sefirot y los Nombres Divinos. Cada Sefirá representa una emanación de la luz divina, y meditar sobre estas emanaciones es una forma de restaurar el equilibrio entre ellas y traer más luz al mundo. La práctica cabalística también implica el uso de los 72 Nombres de Dios, que son considerados herramientas espirituales poderosas para la corrección. Estos Nombres, cuando son invocados con intención pura, ayudan a canalizar energías espirituales que pueden corregir distorsiones y liberar la luz aprisionada en las Qlipot.

Además de las prácticas espirituales, el Tikún Olam también se manifiesta en acciones concretas en el mundo físico. La Cabalá enseña que la justicia social y el altruismo son partes esenciales del proceso de corrección. Cuando una persona actúa con bondad y promueve la justicia en su comunidad, está contribuyendo directamente a la elevación del mundo. La Cabalá no hace distinción entre lo espiritual y lo material; al contrario, enseña que ambos están interconectados. Las acciones en el mundo físico tienen repercusiones espirituales, y el Tikún Olam implica tanto la transformación interna como la mejora de las condiciones externas de la sociedad.

El Shabat, el día de descanso sagrado en el judaísmo, es un ejemplo de cómo el Tikún Olam se refleja en la práctica diaria. En la Cabalá, el Shabat es visto como un momento de corrección cósmica, donde el mundo físico y el espiritual se alinean de forma armoniosa. Durante el Shabat, la luz divina fluye más libremente, y el individuo tiene la oportunidad de reconectarse con la fuente divina. Al observar el Shabat con la intención correcta, el cabalista participa en el Tikún Olam, restaurando el equilibrio entre los mundos superiores y el mundo físico.

Además de las prácticas individuales, la Cabalá también ve el Tikún Olam como un proceso colectivo. La corrección del mundo no puede ser realizada por una única persona; es un esfuerzo global que involucra a toda la humanidad. La Cabalá enseña que la creación entera está interconectada, y el Tikún de una persona afecta positivamente al mundo que la rodea. De la misma forma, la corrupción de un alma afecta negativamente al universo. Por lo tanto, la corrección del mundo depende tanto del esfuerzo personal como del esfuerzo colectivo. Cuando comunidades enteras trabajan para elevarse espiritualmente y actuar de manera justa, aceleran el proceso de Tikún Olam.

El Tikún Olam también tiene implicaciones mesiánicas en la Cabalá. El cabalismo enseña que el Tikún final, la corrección completa del mundo, está ligado a la llegada de la era mesiánica. Esta era estará marcada por la total liberación de las chispas divinas de las Qlipot y por la restauración de la armonía perfecta entre el mundo físico y espiritual. Aunque cada generación tiene la responsabilidad de trabajar en dirección al Tikún, la era mesiánica representa el punto culminante de este proceso, donde el mal será transformado en bien y la luz de Dios brillará plenamente en toda la creación.

Por último, el Tikún Olam refleja la visión optimista de la Cabalá de que, a pesar de los desafíos y de las dificultades, el mundo está en un proceso continuo de retorno a la perfección. El cabalista, al participar en este proceso, no solo transforma su propia vida, sino que también contribuye a la evolución espiritual de toda la creación. Este trabajo espiritual es visto como el propósito más elevado del ser humano, que, al participar del Tikún Olam, se convierte en un co-creador con Dios, ayudando a traer más luz y armonía al mundo.

La comprensión de que el mundo físico y espiritual están interligados, y que cada acción tiene un impacto cósmico, está en el centro del concepto de Tikún Olam. No es solo un llamado a la transformación personal, sino una misión global que involucra a cada ser humano. Al vivir de acuerdo con los principios espirituales de la Cabalá, cada individuo puede desempeñar su papel en este grandioso proceso de corrección, trayendo el mundo de vuelta a su estado original de perfección divina.

Habiendo introducido el concepto de Tikún Olam como la misión cabalística de corrección del mundo, vamos ahora a profundizar en las técnicas prácticas que permiten al cabalista participar activamente de este proceso, tanto a nivel personal como colectivo. La Cabalá ofrece una serie de herramientas espirituales y prácticas que ayudan al individuo a realizar la corrección necesaria en su vida y, al mismo tiempo, a contribuir a la elevación espiritual del mundo. Estas prácticas van desde meditaciones específicas hasta acciones éticas y morales en el día a día.

La primera y quizás más esencial práctica cabalística para el Tikún Olam es el desarrollo de la conciencia espiritual. En la Cabalá, esto se llama daat, o conocimiento profundo. Desarrollar daat significa aumentar la conciencia de las propias acciones, pensamientos e intenciones, de modo que todo lo que hacemos esté alineado con el propósito de corrección. Esto implica vivir con kavaná, la intención enfocada en cada acción, ya sea una oración, un acto de caridad o una interacción cotidiana. Cuando actuamos con kavaná, nuestras acciones se convierten en vehículos para la liberación de las chispas divinas que están atrapadas en las Qlipot, las "cáscaras" que oscurecen la luz espiritual.

Una de las prácticas más poderosas de elevación espiritual es la oración con kavaná. La oración en la Cabalá no es vista como una simple recitación de palabras, sino como un proceso activo de conexión con los mundos superiores. Cuando una persona ora con kavaná, dirige su energía espiritual hacia los cielos, alineando su voluntad con la de Dios. La oración se convierte en un canal para la liberación de las chispas de luz que están aprisionadas en el mundo físico. Un ejemplo clásico de esto es la oración del Shemá ("Shemá Israel, Adonai Elohenu, Adonai Ejad"), que es central en el judaísmo y en la Cabalá. Al recitar el Shemá con intención plena, el cabalista reafirma la unidad de Dios y participa en el Tikún, elevando el alma y contribuyendo a la corrección del universo.

Además de la oración, la meditación en las Sefirot es otra práctica esencial. Como vimos, las Sefirot son las emanaciones divinas que gobiernan diferentes aspectos de la creación. Meditar sobre las Sefirot permite al cabalista alinearse con estas energías y restaurar el equilibrio espiritual tanto internamente como en el mundo que lo rodea. Por ejemplo, la meditación sobre Chesed (misericordia) puede ser usada para suavizar una situación de juicio severo (asociada a Guevurá). Al meditar en las Sefirot, el practicante ayuda a mantener el flujo armonioso de la luz divina, liberando las energías que fueron bloqueadas por las Qlipot.

Otra práctica cabalística ligada al Tikún Olam es el uso de los Nombres Divinos en meditaciones y oraciones. Cada Nombre de Dios refleja una cualidad divina específica y, al invocarlos, el cabalista atrae esa energía al mundo físico. Los 72 Nombres de Dios son particularmente poderosos en este proceso. Cada uno de estos Nombres es una combinación de tres letras hebreas que funcionan como canales de energía espiritual. Meditar en uno de los 72 Nombres, visualizando sus letras y pronunciándolas con la intención correcta, puede ayudar a resolver problemas específicos, como la curación, la protección o la elevación espiritual de una situación. Estos Nombres son herramientas directas de corrección, permitiendo al cabalista actuar como un agente de transformación tanto en su vida como en la realidad que lo rodea.

El Tikún Olam también se realiza a través de las Mitzvot, los mandamientos divinos. En la visión cabalística, cada Mitzvá es un medio de restaurar el orden espiritual en el universo. Al cumplir una Mitzvá con intención y devoción, el cabalista libera una chispa de luz de las Qlipot y contribuye directamente a la corrección del mundo. Algunas Mitzvot son especialmente importantes en este proceso, como la Tzedaká (caridad), que es vista como una forma de equilibrar el juicio con la misericordia. La Cabalá enseña que, cuando una persona da Tzedaká, no solo está ayudando al otro, sino también elevándose a sí misma y al universo que la rodea. La acción de dar, realizada con intención pura, disuelve la rigidez de las Qlipot y permite que la luz fluya más libremente.

Además de las prácticas espirituales, el Tikún Olam también requiere acciones concretas en el mundo físico. La Cabalá no separa lo espiritual de lo material; al contrario, enseña que ambos están interconectados y que las acciones físicas pueden tener un impacto directo en el mundo espiritual. Esto se refleja en la idea de que la justicia social y el altruismo son partes fundamentales del Tikún. Cuando una persona actúa con justicia, trata a los demás con dignidad y promueve la armonía en la sociedad, está liberando chispas divinas y contribuyendo a la elevación colectiva del mundo.

Un ejemplo práctico de esto es el compromiso cabalístico con el Shabat. El Shabat es visto como un "sabor" del Tikún final, la era mesiánica, cuando toda la creación será restaurada a su perfección original. Durante el Shabat, el trabajo físico cesa, y la atención se dirige al descanso y a la contemplación espiritual. El Shabat representa el equilibrio perfecto entre el mundo físico y el espiritual, donde las fuerzas de la creación se alinean de forma armoniosa. Al observar el Shabat, el cabalista participa de una corrección cósmica, elevando el mundo a un estado de unidad y armonía con Dios.

La idea de Tikún Olam también se manifiesta en la práctica de Teshuvá (arrepentimiento). La Cabalá ve el arrepentimiento no solo como un proceso de corrección personal, sino como un medio de restaurar la armonía espiritual en el universo. Cuando una persona reconoce sus errores y se compromete a cambiar, no solo eleva su propia alma, sino que también libera energías que estaban atrapadas en las Qlipot. La Teshuvá es vista como una forma de transformar el mal en bien, redimiendo las fallas pasadas y convirtiéndolas en oportunidades de crecimiento espiritual. La Cabalá enseña que, a través de la Teshuvá sincera, incluso los errores más profundos pueden ser corregidos y transformados en fuentes de luz.

Otra práctica importante en el Tikún Olam es la recitación de los Salmos. Los Salmos son vistos como textos sagrados que contienen poder espiritual, y su recitación es considerada una forma de liberar luz divina al mundo. El cabalista puede recitar Salmos específicos con la intención de traer curación, protección o elevación espiritual para sí mismo o para los demás. Los Salmos también son usados en momentos de crisis o necesidad, cuando la persona busca intervención divina para corregir un desequilibrio o resolver una situación difícil. Cada Salmo contiene un código espiritual, y al recitarlo con la debida kavaná, el practicante ayuda a desbloquear el flujo de energía divina que trae corrección al mundo.

El Tikún Olam también implica el reconocimiento del impacto de las elecciones diarias. La Cabalá enseña que cada acción, pensamiento y decisión que una persona toma tiene repercusiones cósmicas. El libre albedrío humano es un regalo poderoso, y cada elección puede contribuir a la elevación o al desequilibrio del universo. El cabalista vive con la conciencia de que sus decisiones no afectan solo a su propia vida, sino también al mundo que lo rodea. Al elegir actuar con bondad, misericordia y justicia, el individuo contribuye directamente al Tikún Olam, restaurando el equilibrio entre las fuerzas de luz y oscuridad.

Otro aspecto esencial del Tikún Olam es el trabajo colectivo. La Cabalá enseña que la corrección del mundo es una responsabilidad compartida por toda la humanidad. Aunque cada persona tiene un papel único en el Tikún, el proceso de corrección no puede ser realizado aisladamente. El Tikún final requiere el esfuerzo colectivo de todos, y cada persona, al elevarse espiritualmente, ayuda a elevar el mundo como un todo. Este aspecto comunitario del Tikún Olam se refleja en prácticas como el estudio colectivo de la Torá, donde el intercambio de sabiduría espiritual entre los individuos crea una atmósfera de elevación colectiva.

El Tikún Olam está profundamente ligado a la visión mesiánica de la Cabalá. La era mesiánica es vista como el momento en que el Tikún será completo, y todo el universo será restaurado a su perfección original. En la visión cabalística, el mundo está en constante movimiento hacia esta corrección final, y cada generación tiene la responsabilidad de acelerar este proceso. Aunque el Tikún final sea un evento cósmico, la Cabalá enseña que cada acción individual, por pequeña que sea, contribuye a acercar esta era de luz y armonía.

Así, el Tikún Olam no es solo una idea filosófica o abstracta, sino una práctica espiritual y material que permea todas las áreas de la vida. Desde la oración y la meditación hasta las acciones diarias de bondad y justicia, el cabalista participa activamente en la corrección del mundo, alineándose con el propósito divino de restaurar la armonía y la luz en la creación. El Tikún Olam es una jornada continua de crecimiento y transformación, tanto personal como global, y la Cabalá nos enseña que, a través de nuestra participación activa en este proceso, podemos contribuir a la elevación de toda la humanidad y del universo.

Capítulo 9
La Reencarnación en la Cabalá

La reencarnación es un concepto profundamente explorado en la Cabalá, siendo una de las claves para entender el viaje del alma a través de las diferentes vidas y experiencias que vivencia. En la visión cabalística, el alma no está confinada a una única existencia física, sino que pasa por varias encarnaciones, regresando repetidamente al mundo material para completar sus misiones espirituales y corregir las fallas acumuladas en vidas anteriores. Este ciclo de renacimiento es conocido como *Gilgul* (reencarnación), y es visto como parte del proceso continuo de corrección espiritual y evolución del alma.

El objetivo central de la reencarnación, en la Cabalá, es la búsqueda de la perfección espiritual. El alma es una chispa divina, y su misión es retornar a la fuente de donde vino, que es Dios. Sin embargo, durante su viaje a través de los mundos físicos y espirituales, el alma acumula imperfecciones y desequilibrios. Esto ocurre debido a acciones incorrectas, deseos mal dirigidos o fallas en completar las tareas espirituales atribuidas a cada vida. Cuando un alma no completa su misión en una existencia, es enviada de vuelta al mundo físico para intentarlo nuevamente, cargando consigo las lecciones no aprendidas y los errores no corregidos.

El *Sefer HaGilgulim* (El Libro de las Reencarnaciones), atribuido al gran cabalista Isaac Luria, el Arizal, es una de las obras más importantes para entender el concepto de *Gilgul* en la Cabalá. En este texto, Luria explica cómo el alma está compuesta de varias partes, y cómo cada parte puede ser reencarnada de forma independiente para corregir fallas específicas. De acuerdo con Luria, el alma tiene tres componentes principales: *Nefesh*, *Ruach* y *Neshamá*. Cada uno de estos niveles puede ser reencarnado separadamente, dependiendo de lo que necesita ser corregido. Por ejemplo, el *Nefesh*, que está más conectado a las acciones y deseos físicos, puede necesitar corrección en una vida, mientras que el *Ruach*, que está relacionado con las emociones y la moralidad, puede requerir trabajo en otra.

La justicia divina en la reencarnación también es un tema central en la Cabalá. Las almas que fallan en sus misiones no son castigadas de manera final, sino que se les da nuevas oportunidades para corregir sus fallas en vidas futuras. Esto refleja la visión cabalística de que Dios es esencialmente misericordioso y da a las almas innumerables chances de rectificación. Sin embargo, el proceso de reencarnación puede ser doloroso, pues el alma es frecuentemente colocada en situaciones de desafío, sufrimiento o conflicto que reflejan sus errores pasados. Estos desafíos no son vistos como castigos, sino como oportunidades de crecimiento y rectificación.

Cada vida es, por lo tanto, un capítulo en la historia de evolución de un alma, y los eventos y circunstancias que la persona encuentra son cuidadosamente orquestados por la Providencia Divina para proporcionar oportunidades de aprendizaje y corrección. La Cabalá enseña que nada en la vida de una persona es aleatorio. Todos los encuentros, dificultades y alegrías tienen un propósito espiritual profundo. El alma atrae para sí las experiencias necesarias para su crecimiento y rectificación. Si una persona enfrenta repetidamente un cierto tipo de desafío, esto puede ser una señal de que esa área de la vida es donde la corrección necesita acontecer.

Otro aspecto esencial de la reencarnación en la Cabalá es la idea de *Tikun*, o corrección. El *Tikun* personal de un alma es el conjunto de tareas espirituales y correcciones que necesita realizar en sus varias encarnaciones. Algunas almas tienen *Tikun* leves, lo que significa que tienen pocas correcciones que hacer y sus vidas pueden ser más armoniosas. Otras, sin embargo, cargan una carga mayor de fallas a ser corregidas y pueden enfrentar vidas más difíciles. La Cabalá enseña que, aunque el proceso de corrección pueda ser desafiante, es esencial para el crecimiento espiritual del alma.

Una cuestión frecuentemente planteada en el contexto de la reencarnación es el sufrimiento humano. La Cabalá ofrece una perspectiva particular sobre el sufrimiento, afirmando que es muchas veces una parte necesaria del proceso de corrección espiritual. El dolor y las dificultades que una persona enfrenta en su vida actual pueden ser el resultado de acciones incorrectas en una vida anterior, y están destinadas a corregir esos errores. Esto no significa que el sufrimiento sea un castigo, sino una forma de realinear el alma con su propósito divino.

Las relaciones humanas también son profundamente influenciadas por el concepto de reencarnación. La Cabalá enseña que las almas frecuentemente reencarnan en grupos, lo que significa que amigos, familiares e incluso enemigos de una vida anterior pueden reaparecer en nuevas encarnaciones, desempeñando roles diferentes. Estas relaciones son oportunidades de rectificación y crecimiento mutuo. Por ejemplo, una persona puede reencarnar en una familia específica para corregir una relación disfuncional de una vida pasada, o para ayudar a otra alma a alcanzar su *Tikun*.

Otro aspecto interesante de la reencarnación en la Cabalá es la idea de particiones del alma. La Cabalá enseña que, en ciertos casos, un alma puede ser dividida en varias partes y reencarnada en diferentes cuerpos simultáneamente. Esto sucede cuando un alma tiene muchas correcciones a realizar y necesita estar en más de un lugar al mismo tiempo para cumplir su *Tikun*. Estas "partes" del alma pueden encontrarse o cruzar caminos en sus encarnaciones, sin saber que forman parte de una misma alma original. Este concepto sugiere que las conexiones humanas son mucho más profundas de lo que aparentan a primera vista.

La reencarnación también está conectada al *Tikun Olam*, el concepto de corrección universal discutido anteriormente. Así como las almas individuales necesitan pasar por un proceso de corrección y elevación, el mundo como un todo también está en un proceso continuo de rectificación. Cada alma tiene un papel que desempeñar en la corrección colectiva, y al completar sus propias correcciones, contribuye a la corrección global. La era mesiánica, en la visión cabalística, es el momento en que todas las almas habrán completado sus correcciones y el mundo alcanzará un estado de armonía y perfección.

Además, el concepto de karma en la Cabalá es similar, pero distinto de lo que se encuentra en otras tradiciones espirituales. El término hebreo para esto es *Schar VeOnesh* (recompensa y castigo). En la Cabalá, las acciones de una persona en una vida crean consecuencias espirituales que necesitan ser equilibradas en vidas futuras. Esto puede ser comparado al karma, pero con un énfasis mayor en la corrección y en la rectificación espiritual, en lugar de solo retribución. Si una persona falló en realizar sus obligaciones espirituales en una vida, esas tareas serán transferidas para sus futuras encarnaciones.

La Cabalá también ofrece técnicas para identificar patrones kármicos y aprender de las vidas pasadas. Aunque la mayoría de las personas no tenga memoria consciente de sus encarnaciones anteriores, la meditación cabalística puede ayudar a acceder a memorias espirituales que revelan pistas sobre el *Tikun* de un alma. Algunos cabalistas practican meditaciones específicas para conectarse con esas memorias y entender los desafíos y lecciones que su alma necesita enfrentar en esta vida. Esto puede incluir meditaciones con los Nombres Divinos, donde el cabalista busca orientación para entender las raíces espirituales de sus desafíos.

Por lo tanto, la reencarnación en la Cabalá es un mecanismo de aprendizaje y evolución espiritual. El alma está siempre en movimiento, retornando a la Tierra para corregir errores, aprender lecciones y, finalmente, unirse completamente a la fuente divina. El concepto de *Gilgul* ofrece una visión más amplia del viaje del alma, ayudándonos a entender que cada vida forma parte de un proceso mucho mayor de crecimiento y corrección. Cada acción, cada pensamiento y cada experiencia tienen un impacto duradero en el alma, y al reconocer esto, el cabalista puede vivir con más propósito y consciencia, sabiendo que sus elecciones en esta vida tienen repercusiones más allá del mundo físico y más allá de su existencia presente.

Ahora que comprendemos el concepto de reencarnación (*Gilgul*) y su función dentro de la cosmología cabalística, es importante explorar cómo identificar patrones kármicos y memorias de vidas pasadas, además de cómo estos conocimientos pueden ser aplicados en el proceso de elevación espiritual y en la búsqueda por la completitud. La Cabalá no solo enseña que el alma reencarna para corregir fallas pasadas, sino que también ofrece métodos para ayudar al practicante a descubrir cuáles aspectos de su vida actual están relacionados con experiencias anteriores, permitiendo que trabaje de manera más consciente y dirigida en su *Tikun* personal.

El proceso de identificación de patrones kármicos en la vida actual es sutil y exige atención a las circunstancias recurrentes y a los desafíos que surgen repetidamente. La Cabalá enseña que, muchas veces, los problemas que enfrentamos de forma persistente en nuestras vidas son ecos de desequilibrios o fallas no resueltos en encarnaciones anteriores. Si una persona enfrenta dificultades constantes en un área específica – sea en relaciones, salud, finanzas o espiritualidad – esto puede ser un indicativo de que el alma está lidiando con cuestiones que no fueron corregidas en vidas pasadas.

Una manera práctica de comenzar a identificar estos patrones es a través de la auto-observación consciente y de la reflexión regular sobre los eventos significativos que suceden en la vida. Los cabalistas sugieren que el practicante mantenga un diario espiritual, donde registre no solo los eventos diarios, sino también las emociones y reacciones que surgen en respuesta a esos eventos. A lo largo del tiempo, pueden emerger patrones, y la repetición de ciertos tipos de desafíos o comportamientos puede ser una señal de un *Tikun* no resuelto de una encarnación anterior.

Además de la auto-observación, la meditación cabalística ofrece una herramienta poderosa para explorar las raíces espirituales de los desafíos actuales. Al meditar en las *Sefirot*, por ejemplo, el cabalista puede buscar entender cuál aspecto de su alma está desequilibrado y requiere corrección. Si la persona está experimentando conflictos continuos en sus relaciones, puede meditar en la *Sefirá* de *Tiferet*, que está asociada a la armonía, buscando *insight* sobre cómo integrar mejor las fuerzas de *Chesed* (misericordia) y *Gevurá* (juicio). Si los desafíos están relacionados al ego o al sentido de propósito, la meditación en *Yesod* o *Malchut* puede traer claridad sobre cómo alinear la vida con las energías espirituales correctas.

La meditación en los Nombres Divinos es otra práctica central en la identificación de patrones kármicos. Los 72 Nombres de Dios, que actúan como canales de energía espiritual, pueden ser usados para revelar información sobre el propósito del alma y los desafíos que debe superar en su jornada de corrección. Cada uno de esos Nombres corresponde a una frecuencia espiritual única y, al meditar en ellos, el practicante puede abrir su mente para percepciones sobre la naturaleza de su misión espiritual. La meditación en el Nombre *Ayin Lamed Mem*, por ejemplo, es tradicionalmente usada para traer claridad sobre el karma y ayudar a disipar ilusiones que impiden el entendimiento del *Tikun* personal.

Además de las meditaciones, la Cabalá enseña que los sueños son una puerta de entrada para las memorias espirituales y las vidas pasadas. Los sueños, según la tradición cabalística, son momentos en que el alma se eleva temporalmente del cuerpo físico y se conecta con los reinos espirituales. Durante esa separación, es posible que el alma acceda a información de encarnaciones anteriores o reciba mensajes sobre su corrección actual. Al practicar la interpretación de sueños cabalística, el practicante puede comenzar a descifrar los símbolos y temas recurrentes en sus sueños, identificando patrones que pueden estar conectados a sus vidas pasadas.

Uno de los métodos más prácticos para aumentar la claridad de los sueños es la recitación de oraciones específicas antes de dormir, combinada con una intención enfocada. Una de las prácticas recomendadas es recitar el Salmo 91, que es visto como una protección espiritual y una forma de preparar el alma para recibir mensajes claros durante el estado de sueño. Otra técnica cabalística involucra meditar en el Tetragrámaton (YHVH) antes de dormir, visualizando las letras sagradas iluminando la mente y el espíritu, pidiendo orientación y claridad sobre los desafíos y el *Tikun* de la vida actual.

Además de los sueños, ciertos cabalistas también sugieren el uso de amplificadores espirituales, como amuletos o piedras cabalísticas, que ayudan a desbloquear el acceso a las memorias espirituales. Estos amuletos son grabados con Nombres Divinos o combinaciones de letras hebraicas que crean un campo de protección alrededor del alma, permitiendo que reciba información espiritual con más claridad. Sin embargo, es importante resaltar que el poder de estos objetos no reside en sus propiedades físicas, sino en la intención espiritual (*kavaná*) con la cual son usados.

Una vez que el practicante comienza a identificar los patrones kármicos y a entender la naturaleza de su *Tikun*, el próximo paso es trabajar activamente en la corrección de esos desequilibrios. La Cabalá ofrece una serie de prácticas para ayudar en el proceso de corrección, desde actos de *Tzedaká* (caridad) hasta la realización de *Mitzvot* con intención enfocada. Cuando un cabalista descubre que tiene un patrón de falta de generosidad o egoísmo de vidas pasadas, puede intensificar su práctica de *Tzedaká*, no solo como un acto de caridad, sino como una forma de corregir un aspecto espiritual que quedó desequilibrado.

Además de las *Mitzvot*, el arrepentimiento cabalístico (*Teshuvá*) es una práctica fundamental para corregir los errores del pasado. La *Teshuvá*, como vimos, no es solo un proceso de pedir perdón, sino una transformación profunda del alma, que permite que el practicante reoriente su vida en dirección a la luz divina. A través de la *Teshuvá*, el cabalista no solo corrige sus errores, sino que también trasciende las limitaciones de sus encarnaciones anteriores, elevándose espiritualmente.

La *Teshuvá* involucra cuatro etapas principales: el arrepentimiento sincero por los errores cometidos, el compromiso de cambio, la confesión verbal de los errores (generalmente a través de la oración) y, finalmente, la rectificación de las acciones por medio de cambios concretos en la vida diaria. Este proceso no solo libera al practicante del karma negativo acumulado, sino que también transforma la energía negativa en positiva, una vez que el error cometido se convierte en una oportunidad de crecimiento y elevación espiritual.

Una práctica avanzada dentro de la Cabalá para trabajar con el *Tikun* personal es la meditación en la reencarnación. Ciertos cabalistas recomiendan meditar sobre el concepto de *Gilgul* como una manera de reconocer que el alma está en un ciclo continuo de aprendizaje y evolución. Durante esta meditación, el practicante visualiza su alma como una chispa de luz moviéndose a través de las diferentes esferas de la existencia, limpiando fallas, acumulando sabiduría y retornando constantemente al mundo físico para nuevas oportunidades de corrección. Esto trae una perspectiva más amplia y profunda sobre el viaje espiritual, ayudando al cabalista a aceptar los desafíos de la vida como parte de un proceso mayor de elevación.

Otra forma de trabajar con la reencarnación es a través de la práctica de cuidado consciente con las relaciones interpersonales. La Cabalá enseña que muchas de nuestras interacciones con otras personas, especialmente las más intensas o conflictivas, son reflejos de conexiones kármicas de vidas pasadas. Si una relación es particularmente desafiante, el cabalista puede abordar la situación con la consciencia de que esa persona puede haber desempeñado un papel importante en una vida anterior y que la interacción actual ofrece una oportunidad de corrección mutua. La práctica de perdón, tanto para sí mismo como para los otros, es vista como una de las formas más poderosas de liberar karma negativo acumulado.

Por último, la sabiduría cabalística sobre la reencarnación invita al practicante a vivir con una consciencia expandida del propósito espiritual de cada vida. Entender que estamos en un ciclo continuo de corrección y aprendizaje no solo nos ayuda a enfrentar los desafíos con más paciencia y sabiduría, sino que también nos anima a actuar con más responsabilidad en nuestras acciones y elecciones diarias. Cada vida es una oportunidad preciosa de avance espiritual, y cada elección tiene repercusiones que se extienden más allá de la existencia presente.

Al reconocer la profundidad del *Tikun* personal, la Cabalá nos enseña a convertirnos en co-creadores conscientes de nuestro destino espiritual, participando activamente de la corrección de las fallas del pasado y preparando nuestra alma para la completitud y la unión final con lo divino. La reencarnación no es solo un ciclo de repetición; es una espiral ascendente de crecimiento y realización espiritual, en la cual cada encarnación trae nuevas oportunidades de corrección, purificación y elevación del alma.

Capítulo 10
El Lenguaje Secreto de la Cabalá
Gematría

La Gematría es una de las herramientas más enigmáticas y fascinantes de la Cabalá, utilizada para desentrañar los significados ocultos de los textos sagrados, revelando capas profundas de sabiduría espiritual que están codificadas en las letras y números. En esencia, la Gematría es un sistema de numerología cabalística que asigna valores numéricos a las letras hebreas, permitiendo al estudioso encontrar correspondencias espirituales entre palabras, frases y conceptos aparentemente no relacionados. A través de este sistema, el cabalista es capaz de acceder a un lenguaje secreto y simbólico, donde los números se convierten en portales para realidades espirituales más elevadas.

En el alfabeto hebreo, cada letra posee un valor numérico correspondiente, y esto permite que las palabras sean analizadas en términos de sus valores numéricos sumados. Por ejemplo, la letra Alef (א) tiene el valor de 1, Bet (ב) tiene el valor de 2, y así sucesivamente, hasta el valor 400, que corresponde a la letra Tav (ת). La Gematría no es solo un ejercicio matemático, sino una herramienta que revela las conexiones espirituales entre las palabras y las ideas. Al sumar los valores numéricos de las letras en una palabra, el cabalista puede descubrir otras palabras o frases con el mismo valor, sugiriendo una conexión mística entre los conceptos que representan.

Un ejemplo clásico y frecuentemente citado en la Gematría es la relación entre las palabras Echad (אחד), que significa "uno" o "unidad", y Ahavá (אהבה), que significa "amor". Ambas palabras suman 13, y cuando dos veces 13 se suman (representando la reciprocidad del amor entre dos partes), el resultado es 26, el valor numérico del Tetragrámaton (YHVH), el Nombre Divino de Dios. Este ejemplo revela que el amor (Ahavá) es la clave para experimentar la unidad divina (Echad) y que, al vivir en amor, nos conectamos más profundamente con la presencia de Dios.

La Gematría tiene sus raíces en los textos antiguos de la tradición judía, como el Sefer Yetzirah y el Zohar, y fue ampliamente desarrollada por grandes cabalistas como el Arizal (Isaac Luria) y el Ramban (Nachmanides). Estos sabios creían que el alfabeto hebreo no es solo un conjunto de símbolos lingüísticos, sino las letras fundamentales de la creación, usadas por Dios para formar el universo. En la Cabalá, el propio acto de Dios creando el mundo es visto como un proceso lingüístico, donde las letras hebreas actúan como bloques de construcción de la realidad. Cada letra carga una energía espiritual específica, y la combinación de estas letras en palabras forma un código místico que revela los secretos de la creación.

El uso de la Gematría es especialmente importante en la interpretación de los textos sagrados, como la Torá, donde cada palabra, e incluso cada letra, es vista como poseedora de múltiples significados. A través de la Gematría, el cabalista puede encontrar correspondencias numéricas entre diferentes pasajes de la Torá y otros textos sagrados, revelando conexiones espirituales que no son aparentes en la lectura literal. Este método de interpretación profunda ayuda al estudioso a acceder a las capas esotéricas de los textos y a entender el significado oculto detrás de las palabras.

Existen varios tipos de Gematría utilizados en la Cabalá, cada uno con sus propias reglas y variaciones. La forma más común y básica es llamada de Gematría Peshutah (Gematría simple), donde las letras hebreas son atribuidas a sus valores numéricos estándar. Además, también existe la Gematría Katan (Gematría reducida), donde los valores numéricos son reducidos a un solo dígito. Por ejemplo, la letra Tav (400) sería reducida a 4, la letra Mem (40) sería reducida a 4, y así sucesivamente. Esta forma de Gematría es usada para simplificar los cálculos y revelar nuevos niveles de correspondencia entre las palabras.

Otro tipo de Gematría es la Gematría Milui (Gematría del relleno), donde el valor numérico de una letra es calculado no solo con base en la letra sola, sino también en las letras que la componen cuando es escrita por extenso. Por ejemplo, la letra Alef (א), que normalmente tiene el valor de 1, sería escrita como Alef-Lamed-Pé (אלף), con el valor numérico total de 111 (1 + 30 + 80). A través de la Gematría Milui, el cabalista puede descubrir capas adicionales de significado en las letras y palabras, explorando los diferentes aspectos de la realidad espiritual que están codificados en sus formas expandidas.

El estudio de la Gematría no se limita solo al entendimiento de las palabras y letras, sino que también abarca el tiempo y el espacio. La Cabalá enseña que los ciclos de tiempo, como los años, meses y días, también poseen correspondencias numéricas que pueden ser analizadas para revelar el propósito espiritual de eventos y épocas específicas. Por ejemplo, el valor numérico de la palabra Shaná (הנש), que significa "año", es 355, que se refiere al ciclo lunar de 355 días. Esto sugiere una conexión entre el concepto de tiempo y el movimiento de los cuerpos celestes, revelando una armonía cósmica que subyace a la creación.

La Gematría es ampliamente utilizada en nombres propios, especialmente en la elección de nombres para niños. En la Cabalá, se cree que el nombre de una persona contiene el destino espiritual y el propósito de su alma. Al elegir un nombre, los cabalistas muchas veces consultan la Gematría para garantizar que el valor numérico del nombre esté en armonía con los objetivos espirituales del niño. Además, la Gematría puede ser usada para analizar nombres en relación con eventos importantes en la vida de una persona, como matrimonios o nacimientos, ayudando a identificar cualidades espirituales específicas asociadas a aquellos momentos.

Otro ejemplo clásico del uso de la Gematría es la correspondencia entre la palabra Mashiach (חישמ), que significa "Mesías", y la palabra Nachash (שחנ), que significa "serpiente". Ambas palabras suman 358. Esta equivalencia revela la dualidad espiritual presente en el concepto de redención. Mientras que el Mashiach representa la redención y la corrección del mundo, el Nachash simboliza el mal y el pecado, la serpiente que causó la caída de Adán y Eva en el Jardín del Edén. Esta correspondencia sugiere que, al superar las fuerzas del mal (Nachash), el mundo puede abrirse para la llegada del Mashiach, completando el Tikun Olam (corrección del mundo).

La Gematría también está ligada al libre albedrío y al karma espiritual. El cabalista entiende que las elecciones que hacemos en la vida tienen correspondencias espirituales, y que nuestros nombres, acciones y pensamientos crean una resonancia numérica en el universo. A través de la Gematría, es posible identificar estas energías y trabajar activamente para equilibrarlas. Si una persona enfrenta desafíos o desequilibrios espirituales, la Gematría puede ser usada para identificar cuáles áreas de la vida están en desarmonía y cuáles palabras o combinaciones numéricas pueden ayudar a restaurar el equilibrio espiritual.

Una aplicación práctica de la Gematría en el cotidiano del cabalista es en la meditación sobre palabras y números sagrados. Al enfocar su mente en una palabra específica y en su valor numérico, el cabalista puede entrar en un estado meditativo que le permite conectarse con las energías espirituales asociadas a aquella palabra. Por ejemplo, meditar sobre el número 26, que es el valor numérico del Nombre Divino YHVH, ayuda a traer la conciencia para la presencia de Dios y para la unidad de la creación. De la misma forma, meditar sobre el número 18, que corresponde a la palabra Chai (חי), que significa "vida", puede ser una práctica poderosa para atraer energías de vitalidad y crecimiento espiritual.

La Gematría es más que un sistema místico de números; es un lenguaje espiritual vivo, que permite al cabalista penetrar en los secretos del universo y desentrañar las conexiones ocultas que permean la realidad. Al estudiar la Gematría, el cabalista descubre que todo en el universo está interconectado por medio de códigos numéricos, y que estos códigos contienen la clave para entender la voluntad divina y el propósito de la creación. Cada número, cada letra y cada palabra cargan en sí una infinidad de significados espirituales que, una vez revelados, ayudan al practicante a alinearse con las energías divinas y a encontrar su camino en la jornada espiritual.

Ahora que exploramos los fundamentos de la Gematría y cómo puede ser usada para revelar conexiones espirituales profundas entre palabras y conceptos, es hora de sumergirnos en las aplicaciones prácticas de esta herramienta en el estudio cabalístico y en la vida cotidiana. La Gematría ofrece al practicante una manera de entender e influenciar la realidad a su alrededor, a través del poder transformador de los números y de las letras hebreas.

Uno de los primeros pasos para trabajar con la Gematría es el uso de meditaciones numéricas. La meditación sobre palabras y números sagrados es una práctica que ayuda a traer insights espirituales y a sintonizar la mente con las energías divinas asociadas a ciertos valores numéricos. Un ejercicio simple para comenzar es elegir una palabra importante, como el Nombre Divino YHVH (הוהי), que tiene el valor numérico de 26. Al meditar en este número, el practicante puede visualizar las letras y permitir que su significado y energía llenen la mente, trayendo una sensación de unidad con lo divino.

Este ejercicio puede ser ampliado al incorporar la Gematría Milui, donde las letras son escritas en su forma plena. Por ejemplo, YHVH (הוהי) puede ser expresado como Yod-Vav-Dalet (דוי), Heh-Alef (אה), Vav-Alef-Vav (ואו), Heh-Alef (אה), lo que eleva el valor numérico total para 72. Meditar sobre esta forma expandida del Nombre Divino puede abrir nuevos canales de percepción espiritual, revelando la complejidad y la profundidad de la energía divina que permea el universo. Esta meditación ayuda a fortalecer la conexión con las energías espirituales superiores y puede ser usada para claridad mental, cura espiritual o protección.

Otra técnica práctica involucra la Gematría aplicada al análisis de nombres. Como la Cabalá enseña que los nombres de personas cargan su destino espiritual, la Gematría puede ser usada para descubrir el propósito del alma a través del nombre de una persona. Para hacer esto, el practicante comienza calculando el valor numérico del nombre completo de la persona en hebreo. Después, él busca por otras palabras o frases con el mismo valor numérico, a fin de descubrir cuáles cualidades o desafíos espirituales están asociados a aquella persona.

Por ejemplo, si el nombre de una persona tiene el valor numérico de 248, el cabalista puede observar que este valor corresponde a la palabra Rachum (מוחר), que significa "compasivo". Esto puede sugerir que la misión espiritual de aquella persona involucra el desarrollo de la cualidad de la compasión en sus interacciones. Además, 248 es el número de Mitzvot positivas (mandamientos que ordenan hacer algo), lo que podría indicar que esta alma tiene una fuerte inclinación para cumplir acciones positivas y espiritualmente edificantes. Este tipo de análisis ofrece insights prácticos sobre la naturaleza y los desafíos espirituales que una persona enfrenta, ayudándola a vivir de manera más alineada con su Tikun.

Una práctica aún más profunda es el uso de la Gematría para interpretar eventos en la vida de una persona. Los cabalistas creen que los acontecimientos no son accidentales, y que eventos importantes, como el nacimiento de un niño, matrimonios o hasta crisis de vida, tienen significados espirituales ocultos que pueden ser descubiertos a través de la Gematría. Un ejercicio para esto es calcular el valor numérico de la fecha de un evento significativo y, en seguida, buscar por palabras o conceptos con el mismo valor numérico. Esto puede ofrecer una comprensión más amplia del propósito espiritual detrás del evento.

Por ejemplo, si una persona nació en una fecha cuyo valor numérico equivale a 613, el número de las

Mitzvot de la Torá, esto puede sugerir que la vida de esta persona está profundamente conectada con la observancia y cumplimiento de los mandamientos divinos. El análisis de la Gematría aplicada a eventos importantes puede ayudar a la persona a entender patrones kármicos, revelando lecciones espirituales que están siendo ofrecidas por medio de sus experiencias de vida.

La Gematría también puede ser usada para la oración y la meditación, especialmente al enfocarse en ciertos números o palabras que tienen una energía espiritual específica. Uno de los métodos tradicionales es meditar sobre el número 18, que corresponde a la palabra Chai (חי), significando "vida". Al enfocarse en este número durante una meditación, el practicante puede atraer las energías de vitalidad y renovación. Esta meditación puede ser útil en momentos de estancamiento o cuando el practicante desea traer más energía y crecimiento espiritual para su vida.

Otro número significativo en la meditación cabalística es el 45, que es el valor numérico de Adam (מדא), el primer ser humano, y también está asociado a la Sefirá de Tiferet, que representa la armonía y el equilibrio. Meditar en el número 45 puede ayudar al practicante a encontrar armonía interna, equilibrando las fuerzas opuestas de misericordia y severidad, e integrar estas energías en su vida diaria. Al armonizar estas fuerzas, la persona se alinea con el propósito mayor de equilibrio espiritual, tanto dentro de sí como en sus relaciones con los otros.

Además de meditaciones y oraciones, la Gematría puede ser usada en acciones concretas para generar resultados espirituales específicos. Un ejemplo clásico es la práctica de Tzedaká (caridad). En la tradición cabalística, hay una costumbre de donar cantidades de dinero que corresponden a ciertos números significativos en la Gematría. Por ejemplo, dar 18 unidades de moneda (un valor equivalente a "vida") puede ser visto como un acto de donación de vitalidad, ayudando tanto al receptor como al donador a conectarse con las energías de renovación y crecimiento espiritual.

Otra práctica cabalística que utiliza la Gematría es el uso de amuletos y talismanes. Ciertos Nombres Divinos o combinaciones de letras hebreas son grabados en amuletos o piezas de joyería para protección espiritual, cura o prosperidad. Estos amuletos son creados con base en cálculos de Gematría que conectan al portador a energías específicas del universo. Por ejemplo, amuletos que contienen el Nombre El Shaddai (אל ידש), cuyo valor numérico es 345, son frecuentemente usados para protección, pues este Nombre de Dios es asociado a la seguridad y a la capacidad de superar fuerzas adversas.

La Gematría también puede ser aplicada en la lectura e interpretación de la Torá, ayudando al practicante a desentrañar los niveles más profundos de significados ocultos en los textos sagrados. Al estudiar un verso de la Torá, el cabalista puede calcular el valor numérico de palabras o frases específicas y buscar por otros pasajes con el mismo valor. Esto revela correspondencias espirituales entre diferentes partes de la Torá que, a primera vista, no parecen estar conectadas. Por ejemplo, el valor numérico de la palabra Bereshit (בְּרֵאשִׁית), que significa "en el principio", es 913. Este valor numérico puede ser asociado a otras palabras o conceptos en el texto sagrado, revelando nuevas capas de significado.

El uso de la Gematría para interpretar los textos sagrados es una forma de estudio profundo y esotérico. Muchos cabalistas creen que cada letra, palabra y número en la Torá contiene secretos espirituales que pueden ser revelados por medio de este método. Al estudiar la Gematría, el practicante desarrolla la habilidad de ver más allá del nivel superficial del texto, accediendo a los niveles Sod (esotérico) y Remez (simbólico) de la interpretación, donde los misterios espirituales de la creación y del propósito divino son revelados.

Uno de los ejercicios más simples para comenzar a aplicar la Gematría en la lectura de la Torá es elegir un verso específico y calcular el valor numérico de una palabra central. En seguida, el practicante puede buscar por palabras con el mismo valor numérico en otros pasajes de la Torá o en textos cabalísticos. Esta práctica ayuda a construir una red de conexiones espirituales entre diferentes ideas, mostrando cómo la Cabalá ve la realidad como un todo interconectado, donde cada parte refleja el todo.

La Gematría es, en última instancia, una herramienta de revelación espiritual. No se trata solo de un sistema de números, sino de una manera de entender las energías espirituales que sustentan el universo. A través de ella, el cabalista es capaz de acceder a niveles ocultos de sabiduría y traer esa sabiduría para su vida cotidiana de manera práctica y transformadora. Sea a través de la meditación, del estudio, o de la acción, la Gematría conecta al individuo a las profundidades de los misterios divinos, ayudándolo a encontrar su propósito y alinearse con las energías espirituales más elevadas.

Capítulo 11
El Mal y el Libre Albedrío en la Cabalá

Dentro de la Cabalá, el concepto de mal ocupa un lugar central en el desarrollo espiritual del alma y en el propósito de la creación. A diferencia de visiones más tradicionales que ven el mal como algo a ser destruido o erradicado, la Cabalá nos enseña que el mal tiene una función necesaria en el cosmos. Es una fuerza que, cuando se comprende y se domina, se convierte en un catalizador para el crecimiento espiritual y la manifestación del libre albedrío. El mal, en la visión cabalística, está profundamente conectado al concepto de oscuridad y ocultamiento, y su existencia posibilita que los seres humanos tomen decisiones conscientes, permitiendo que el libre albedrío florezca como un instrumento de elevación espiritual.

La creación del mal está relacionada con la contracción o *Tzimtzum*, uno de los conceptos más profundos en la Cabalá, introducido por Isaac Luria, el Arizal. Antes de la creación, existía solo la luz infinita de Dios, una luz tan intensa que no dejaba espacio para la existencia de nada más que ella. Para permitir la creación de un mundo con libre albedrío y autonomía, Dios necesitó "ocultar" parte de Su luz, creando un vacío donde la existencia independiente pudiera ocurrir.

En este espacio, la realidad física y las almas humanas comenzaron a existir, pero esta contracción también dio origen a una condición de oscuridad espiritual, donde la presencia divina se vuelve menos evidente. Esta oscuridad es el terreno fértil donde el mal puede surgir, pero también es donde el potencial para el libre albedrío es plantado.

El mal, en la Cabalá, es descrito como una energía caótica, una fuerza que está fuera de equilibrio con el propósito divino, pero que aún así forma parte de la creación. Se manifiesta de diversas formas, tanto en el mundo externo, como guerras y destrucción, cuanto en el mundo interno, a través de impulsos egoístas, orgullo y deseo desenfrenado. Sin embargo, su presencia en el mundo es vista como temporal y necesaria, pues desafía al ser humano a elegir entre el bien y el mal, entre la luz y la oscuridad. El mal ofrece una elección que, cuando se supera, lleva al crecimiento espiritual y a la elevación del alma.

Esta elección está en el centro del concepto cabalístico de libre albedrío (*Bechirah Chofshit*). La Cabalá enseña que el libre albedrío es la capacidad del alma de elegir conscientemente seguir el camino de la luz, es decir, alinearse con la voluntad divina, o seguir el camino de la oscuridad, que se alinea con el ego y el deseo material desenfrenado. El libre albedrío es considerado uno de los dones más preciados que Dios le dio a la humanidad, pues permite que cada individuo participe activamente en la creación, convirtiéndose en un co-creador en el proceso de corrección y elevación del mundo.

La lucha entre el bien y el mal en la Cabalá también está representada en las fuerzas opuestas que permean la creación. En su origen, estas fuerzas están presentes en las *Sefirot*, las diez emanaciones divinas que rigen el universo. Dos de estas *Sefirot*, *Chesed* (bondad) y *Guevurá* (severidad), ejemplifican esta tensión entre fuerzas opuestas. Mientras *Chesed* representa el amor incondicional y la expansión, *Guevurá* trae la energía del juicio y la restricción. Ambas son necesarias para el equilibrio del universo, pero cuando *Guevurá* se vuelve excesiva, surgen las manifestaciones del mal – juicio severo, sufrimiento y separación. Por otro lado, el desequilibrio de *Chesed* puede llevar al caos y a la falta de límites. El equilibrio entre estas fuerzas es lo que permite la armonía y el crecimiento espiritual.

El libre albedrío solo puede ser ejercido de manera verdadera en un mundo donde el mal existe, pues es a través de la elección consciente entre luz y oscuridad que el ser humano puede crecer espiritualmente. Si no hubiera mal, la elección por el bien sería automática y sin mérito. De esta forma, el mal es una fuerza que da al ser humano la oportunidad de trascender su propia naturaleza. Cuando una persona resiste a las tentaciones del ego, transforma la oscuridad del mal en luz, cumpliendo así el propósito espiritual de su alma.

La Cabalá enseña que el alma humana está compuesta de diferentes capas, cada una de ellas con su propia relación con el bien y el mal. El nivel más bajo del alma, llamado *Nefesh*, está más conectado a los deseos físicos y a las emociones más básicas. Este es el punto de entrada del mal en la conciencia humana, donde el ego y el deseo material pueden opacar la conexión del alma con lo divino. Sin embargo, a medida que la persona trabaja espiritualmente, puede elevar su alma a niveles más altos, como *Ruach* y *Neshamá*, que están más conectados a la moralidad, a la intuición espiritual y a la sabiduría divina. Cuanto más elevada el alma, mayor la capacidad de discernir entre el bien y el mal, y mayor el poder de elegir conscientemente seguir el camino de la luz.

La Torá y las enseñanzas cabalísticas ofrecen orientación sobre cómo dominar las fuerzas del mal y despertar el potencial del libre albedrío. La práctica de las *Mitzvot*, los mandamientos divinos, es uno de los medios centrales para mantener el alma alineada con el bien y alejada de la influencia negativa del mal. Al cumplir los mandamientos con intención y foco espiritual, el individuo fortalece su conexión con la luz divina y debilita las fuerzas de oscuridad que pueden surgir a través del ego y de los deseos materiales.

Otro aspecto importante del mal en la Cabalá es el concepto de *Sitra Achra*, que significa "el otro lado". *Sitra Achra* se refiere a la dimensión espiritual donde el mal y la oscuridad habitan. Estas fuerzas son vistas como parte del sistema divino, pero en estado de desequilibrio y alejamiento de la luz. El mal, según esta visión, no es una fuerza independiente, sino un estado de desconexión de la fuente divina. El trabajo espiritual del cabalista es transformar la *Sitra Achra* en luz, trayendo equilibrio y armonía al universo.

La Cabalá también nos enseña que el libre albedrío puede ser fortalecido a través de la meditación y la reflexión espiritual. Al meditar sobre las energías opuestas de *Chesed* y *Guevurá*, el cabalista aprende a reconocer las fuerzas del bien y del mal dentro de sí y en el mundo a su alrededor. A través de la meditación, cultiva la capacidad de tomar decisiones conscientes, que lo acercan al bien y lo alejan de las influencias negativas. Además, la reflexión sobre las propias acciones e intenciones es una práctica esencial para desarrollar el libre albedrío y discernir el camino correcto a seguir.

Un ejemplo clásico en la Cabalá que ilustra la lucha entre el bien y el mal es la historia de Adán y Eva en el Jardín del Edén. El pecado original es visto como el primer ejemplo de libre albedrío ejercido de manera incorrecta, donde Adán y Eva cedieron a las tentaciones de la serpiente (una representación del mal) y desobedecieron el mandamiento divino. Sin embargo, la Cabalá enseña que incluso este acto de desobediencia no fue totalmente negativo, pues trajo al mundo la posibilidad de corrección y elevación. A través de las elecciones equivocadas de Adán y Eva, la humanidad fue introducida al concepto de *Tikun*, la corrección espiritual que se alcanza al transformar el mal en bien y la oscuridad en luz.

La Cabalá nos recuerda que el mal no es eterno. Existe como parte del proceso de elevación y corrección espiritual, pero será eventualmente superado. La era mesiánica, u *Olam HaBa* (el mundo venidero), es vista como el tiempo en que el mal será completamente transformado y la humanidad vivirá en un estado de unidad y armonía con Dios. En esta visión, el mal no será destruido, sino integrado y transformado en una nueva fuente de luz y crecimiento espiritual.

Como discutimos anteriormente, la Cabalá entiende el mal como una fuerza necesaria para la creación, ofreciendo a los seres humanos la oportunidad de ejercer el libre albedrío. La existencia del mal no es un fin en sí mismo, sino un desafío espiritual que nos permite elegir conscientemente el bien y elevarnos espiritualmente. Ahora, vamos a explorar cómo aplicar estos conceptos de manera práctica en la vida cotidiana, con el objetivo de superar las tentaciones y los desafíos espirituales que encontramos, utilizando el libre albedrío como una herramienta de crecimiento y transformación interior.

La práctica cabalística enseña que reconocer las fuerzas del mal dentro de nosotros es el primer paso para dominarlas. Estas fuerzas no son externas, sino que se manifiestan en nuestros deseos egoístas, inclinaciones a la negatividad e impulsos que nos alejan de nuestra esencia divina. La Cabalá identifica estas inclinaciones negativas como el *Yetzer Hará*, o inclinación al mal, que existe en oposición al *Yetzer Hatov*, la inclinación al bien. Este dualismo interno refleja la tensión cósmica entre luz y oscuridad, pero también abre un camino para el crecimiento espiritual, pues cada vez que resistimos al *Yetzer Hará*, avanzamos en nuestra jornada de corrección espiritual, el *Tikun*.

Una de las herramientas cabalísticas más importantes para lidiar con el mal interior es el concepto de *Hitbonenut*, o reflexión profunda. Esta práctica involucra reservar momentos diarios para examinar nuestros pensamientos, emociones y acciones. La reflexión no es solo un análisis mental, sino una meditación espiritual sobre nuestras motivaciones y decisiones, cuestionando si estamos actuando a partir del *Yetzer Hará* o del *Yetzer Hatov*. A través de *Hitbonenut*, el cabalista puede identificar patrones de comportamiento que son dominados por impulsos negativos y, entonces, tomar decisiones más conscientes que lo alineen con el bien.

Una técnica útil en esta práctica de reflexión es el autoanálisis diario a través de un diario espiritual, donde se registran los momentos en que enfrentamos desafíos morales y cómo reaccionamos a ellos. El cabalista puede entonces examinar estos registros, buscando patrones donde el *Yetzer Hará* tomó control y reflexionando sobre cómo podría haber actuado de forma diferente. Esta práctica ayuda a fortalecer el libre albedrío, pues al tomar conciencia de nuestras debilidades, nos preparamos mejor para actuar con más claridad y propósito en futuras situaciones.

Capítulo 12
La Curación Cabalística y las Sefirot

En la Cabalá, la curación es vista como un proceso profundo y multidimensional, que involucra no solo al cuerpo físico, sino también al espíritu y al alma. La curación cabalística está intrínsecamente ligada al Árbol de la Vida y sus diez Sefirot, que representan diferentes aspectos de la existencia divina y de la manifestación de Dios en el mundo. Cada Sefirá emana una energía específica, que puede influir no solo en la salud espiritual, sino también en la salud mental y física del ser humano. La Cabalá nos enseña que la armonía entre las Sefirot es esencial para el bienestar general, y que los desequilibrios en las energías de estas emanaciones pueden resultar en enfermedades o sufrimiento. Por lo tanto, la curación cabalística busca restaurar el equilibrio entre estas fuerzas divinas, proporcionando armonía interna y externa.

El Árbol de la Vida puede ser visto como un mapa espiritual que describe el flujo de energía divina desde la fuente suprema, llamada Ein Sof (el Infinito), hasta el mundo físico. Las Sefirot son las diez emanaciones o manifestaciones de esta energía, que descienden en un proceso jerárquico para crear y sostener toda la existencia. Cada una de las Sefirot tiene sus propias características y cualidades, y estas cualidades pueden ser aplicadas a la curación cabalística, tanto a nivel individual como colectivo.

La curación cabalística comienza con el entendimiento de que la enfermedad o el sufrimiento surgen cuando hay un desequilibrio o bloqueo en el flujo de las energías de las Sefirot. Cuando el flujo natural de las energías divinas se interrumpe, esto afecta al ser humano en diferentes niveles: físico, emocional y espiritual. El objetivo de la curación es restaurar el equilibrio entre las Sefirot, permitiendo que la energía divina fluya libremente de nuevo, trayendo curación y armonía a todos los aspectos de la vida.

Cada una de las diez Sefirot desempeña un papel importante en el proceso de curación. Vamos a explorar algunas de las principales Sefirot y sus conexiones con el bienestar espiritual, mental y físico:

Keter (Corona): Keter es la Sefirá más elevada del Árbol de la Vida, representando la voluntad divina y la conexión directa con el Ein Sof. En el contexto de la curación, Keter está asociada a la sabiduría superior y a la intención pura. La curación que emana de Keter es de naturaleza espiritual elevada, y está relacionada con la capacidad de conectarse con el propósito divino del alma. Los desequilibrios en Keter pueden manifestarse como falta de dirección espiritual o una sensación de desconexión con el propósito de vida. La curación aquí implica la alineación con la voluntad divina y la reconexión con la fuente.

Chochmá (Sabiduría) y Biná (Entendimiento): Estas dos Sefirot representan el aspecto intelectual de la creación y son las principales fuentes de inspiración e *insight* espiritual. Chochmá es la chispa de inspiración divina, mientras que Biná es la capacidad de procesar y entender esta sabiduría. Los desequilibrios en estas Sefirot pueden manifestarse como confusión mental, ansiedad o incapacidad para tomar decisiones claras. La curación implica el fortalecimiento de la conexión con la intuición espiritual y la capacidad de procesar esta intuición de manera práctica.

Chesed (Bondad) y Guevurá (Fuerza): Chesed y Guevurá representan las fuerzas emocionales de la bondad expansiva y de la severidad restrictiva, respectivamente. El equilibrio entre estas fuerzas es esencial para la salud emocional. Los desequilibrios en Chesed pueden llevar a la indulgencia excesiva o a la falta de límites, mientras que los desequilibrios en Guevurá pueden resultar en rigidez emocional, miedo o autocrítica severa. La curación aquí implica encontrar el equilibrio entre dar y recibir, entre el amor incondicional y la restricción saludable.

Tiferet (Belleza): Tiferet es la armonía central del Árbol de la Vida, donde la energía de Chesed y Guevurá se encuentran en equilibrio perfecto. Tiferet está asociada a la curación física y emocional, pues es el punto donde el amor expansivo y la fuerza restrictiva se funden para crear armonía. Los desequilibrios en Tiferet pueden manifestarse como enfermedades físicas o sufrimiento emocional. La curación a través de Tiferet implica la búsqueda del equilibrio interno, trayendo armonía a las emociones, al cuerpo y al espíritu.

Netzach (Eternidad) y Hod (Esplendor): Netzach y Hod son responsables de las acciones y reacciones, representando la persistencia y la humildad, respectivamente. Netzach es la fuerza que nos impulsa a avanzar, mientras que Hod nos enseña la sumisión y la aceptación. Los desequilibrios en Netzach pueden llevar a la terquedad o al exceso de ego, mientras que los desequilibrios en Hod pueden manifestarse como inseguridad o pasividad. La curación aquí implica encontrar el equilibrio entre la autoconfianza y la humildad, permitiendo que las acciones sean guiadas por el propósito espiritual, y no por impulsos egoístas.

Yesod (Fundamento): Yesod es la Sefirá que conecta el mundo espiritual con el mundo físico, siendo responsable de la comunicación e integración de las energías espirituales en nuestra realidad cotidiana. Los desequilibrios en Yesod pueden manifestarse como problemas relacionales, bloqueos emocionales o inestabilidad psicológica. La curación a través de Yesod implica la restauración del flujo de energía entre el espíritu y el cuerpo, facilitando la curación emocional y el fortalecimiento de las relaciones.

Malchut (Reino): Malchut es la Sefirá que representa el mundo físico y nuestra capacidad de manifestar la energía divina en la realidad material. Los desequilibrios en Malchut pueden resultar en enfermedades físicas, falta de energía vital o incapacidad para realizar los propósitos espirituales en la vida práctica. La curación aquí implica el enraizamiento de las energías espirituales en la vida cotidiana, permitiendo que el cuerpo y la mente estén alineados con la voluntad divina.

La curación cabalística implica trabajar con las energías de estas Sefirot, tanto individualmente como en conjunto, para restaurar el flujo de energía y traer equilibrio al sistema espiritual. La Cabalá ofrece diversas técnicas y prácticas para facilitar este proceso de curación, incluyendo la meditación sobre las Sefirot, la visualización espiritual y el uso de oraciones e invocaciones específicas que atraen las energías curativas de las Sefirot.

Una práctica común de curación cabalística es la meditación sobre el Árbol de la Vida. En esta meditación, el practicante visualiza cada Sefirá como una esfera de luz brillante, conectada a las otras Sefirot por canales de energía. El objetivo de la meditación es visualizar el flujo ininterrumpido de energía pasando de una Sefirá a otra, corrigiendo cualquier bloqueo o desequilibrio. Por ejemplo, si una persona está enfrentando problemas de salud física, puede concentrarse en la Sefirá de Tiferet, la fuente de equilibrio y armonía, y visualizarla irradiando luz curativa hacia el cuerpo.

Otro método de curación implica el uso de mantras y oraciones específicas, que se basan en los Nombres Divinos asociados a cada Sefirá. Estos Nombres son considerados portales de energía que permiten al practicante acceder a la fuerza espiritual de la Sefirá correspondiente. Recitar estos Nombres con intención concentrada ayuda a desbloquear las energías espirituales necesarias para la curación y la restauración del equilibrio. Por ejemplo, el Nombre Divino asociado a Chesed es El (לא), y recitar este Nombre en meditación puede ayudar a aumentar la energía de bondad y curación expansiva.

Además, la Cabalá enseña que la curación no es solo un proceso individual, sino que también puede ser alcanzada a través del servicio a los demás. Al practicar actos de bondad y compasión, una persona activa la energía de Chesed, lo que trae curación no solo para sí misma, sino para el mundo a su alrededor. La idea de *Tikun Olam* (corrección del mundo) también se aplica a la curación cabalística, pues al curarnos a nosotros mismos, contribuimos a la curación global, restableciendo la armonía en el mundo físico y espiritual.

La curación cabalística exige un enfoque integrado, que involucra meditación, visualización, oración y acción consciente. Cada práctica está alineada con las energías de las Sefirot, facilitando el flujo de estas fuerzas curativas en la vida del practicante. La Cabalá nos enseña que no basta con entender la estructura espiritual del Árbol de la Vida; es necesario incorporar estas energías de manera activa y consciente en nuestro día a día para alcanzar una curación duradera y significativa.

Meditación sobre las Sefirot para la Curación

Una de las formas más directas de acceder a las energías curativas de las Sefirot es a través de la meditación. Aquí, describimos un ejercicio simple, pero poderoso, que puede ser practicado regularmente para restaurar el equilibrio energético y promover la curación interior:

Ejercicio de Meditación sobre el Árbol de la Vida:

Siéntese en un lugar tranquilo, con la columna erguida y los ojos cerrados.

Respire profundamente algunas veces para calmar la mente y el cuerpo.

Comience a visualizar el Árbol de la Vida delante de usted, con sus diez Sefirot brillando como esferas de luz.

Concéntrese en cada Sefirá, comenzando por Keter (en la parte superior de la cabeza) y descendiendo hasta Malchut (en la base de la columna).

En cada Sefirá, visualice una luz brillante y sienta la cualidad energética asociada. Por ejemplo:

En Keter, sienta la conexión con la voluntad divina y el propósito de su alma.

En Tiferet, sienta la energía de armonía y equilibrio restaurando la salud física y emocional.

En Yesod, visualice la luz fluyendo hacia su cuerpo físico, integrando la energía espiritual y curando bloqueos.

Conforme la luz fluye por cada Sefirá, imagine que las áreas del cuerpo relacionadas con estas emanaciones están siendo curadas y revitalizadas.

Permanezca en este estado de conexión por algunos minutos, absorbiendo la energía curativa y dejándola circular por todo el cuerpo.

Finalice la meditación agradeciendo a la fuente divina por la curación recibida y siéntase renovado.

Esta meditación puede ser practicada diariamente, o siempre que el practicante sienta que hay un desequilibrio energético o un problema de salud que necesita ser tratado. La visualización del Árbol de la Vida ayuda a conectar el alma al flujo natural de las energías divinas, permitiendo que el equilibrio entre las Sefirot sea restaurado.

Curación a Través de los Nombres Divinos

Los Nombres Divinos son vistos en la Cabalá como portales que canalizan energías específicas del mundo espiritual. Cada Sefirá tiene un Nombre de Dios asociado, y estos Nombres pueden ser invocados en oraciones o meditaciones para traer curación y armonía.

Aquí están algunos ejemplos de Nombres Divinos ligados a las Sefirot, y cómo utilizarlos para curación:

Chesed (Bondad): El Nombre Divino asociado a Chesed es El (לא). Este Nombre es invocado para aumentar la energía de amor y curación expansiva.

Práctica: Al meditar u orar, visualice la luz blanca brillante de Chesed y recite el Nombre "El" repetidamente, sintiendo que la bondad y la curación se están expandiendo por todo el cuerpo y el alma. Esto es especialmente eficaz para quienes sufren de falta de energía emocional o están lidiando con sentimientos de cierre o aislamiento.

Guevurá (Fuerza): El Nombre Divino de Guevurá es Elohim (םיהולא), que representa la justicia y el equilibrio. Invocar este Nombre puede ayudar a restaurar la fuerza interior y la claridad emocional.

Práctica: Recite "Elohim" mientras visualiza una luz roja alrededor de su cuerpo, protegiéndolo y forteciendo su capacidad de discernir y establecer límites saludables. Esto puede ser especialmente útil para quienes sienten que están enfrentando desafíos emocionales, como miedo o ansiedad, o cuando es necesario restablecer el autocontrol.

Tiferet (Belleza y Armonía): El Nombre Divino de Tiferet es YHVH Eloah Va'Da'at (תעדו הולא הוהי). Este Nombre es usado para armonizar el cuerpo y el espíritu, restaurando el equilibrio entre la misericordia y el juicio.

Práctica: Recite el Nombre mientras visualiza una luz dorada irradiando del centro del pecho (donde Tiferet está localizado) y expandiéndose por todo el cuerpo. Este ejercicio es ideal para quien necesita curación física o emocional, trayendo equilibrio y paz interior.

Visualizaciones Específicas para la Curación

La visualización es una práctica poderosa dentro de la curación cabalística. Al visualizar las Sefirot o los flujos de energía espiritual, el practicante crea un canal de curación entre el mundo divino y el mundo físico. A continuación, presentamos algunas visualizaciones prácticas que pueden ser usadas para diferentes tipos de curación:

Curación Física: Visualice la Sefirá de Tiferet en el centro de su cuerpo, como una esfera dorada de luz. Sienta esta luz irradiar hacia todas las partes del cuerpo que necesitan curación. Imagine esta luz disolviendo bloqueos energéticos y restaurando la salud y el equilibrio físico. Conforme la luz se expande, cura células, tejidos y órganos, revitalizando todo el cuerpo con energía vital.

Curación Emocional: Cuando enfrente un desequilibrio emocional, como ansiedad, tristeza o ira, visualice la Sefirá de Chesed en el lado derecho de su cuerpo, irradiando una luz blanca suave. Esta luz de bondad y compasión fluye hacia el corazón, calmando emociones perturbadas y trayendo una sensación de paz y aceptación. Al mismo tiempo, visualice la luz de Guevurá en el lado izquierdo, trayendo la fuerza necesaria para restaurar el autocontrol y la claridad emocional.

Curación Espiritual: Para restaurar la conexión con el propósito divino o sanar una crisis espiritual, visualizar la Sefirá de Keter sobre la cabeza, brillando como una corona de luz. Imagine esta luz divina descendiendo, llenando su cuerpo de una energía blanca pura, conectándolo directamente al Ein Sof (lo Infinito). Esta práctica ayuda a restablecer su sentido de propósito y su claridad espiritual, y fortalece su conexión con lo Divino.

Curación mediante Mitzvot y Tikún Olam

Además de las prácticas de meditación y visualización, la curación cabalística también se manifiesta a través de la acción consciente. La práctica de las *Mitzvot* (mandamientos) se considera un canal directo de curación, ya que cada acción positiva aporta una cantidad significativa de luz espiritual al mundo.

Por ejemplo:

La *Tzedaká* (caridad) es una de las *Mitzvot* más poderosas para la curación. Al practicar actos de caridad con intención pura, el practicante activa la Sefirá de Chesed, trayendo curación expansiva tanto para sí mismo como para el receptor. La *Tzedaká* es especialmente eficaz para aliviar sufrimientos emocionales y restaurar la paz interior.

Shalom Bayit (paz en el hogar) es una práctica que promueve la armonía en las relaciones familiares y tiene un impacto directo en la salud emocional y mental. Mantener la paz en el hogar activa las energías de Tiferet y Yesod, restaurando el equilibrio entre las relaciones personales y la estabilidad emocional.

Cada *Mitzvá*, cuando se realiza con *Kavaná* (intención), no solo alinea al individuo con la voluntad divina, sino que también sirve como un canal de curación espiritual, física y emocional.

Teshuvá (Arrepentimiento) y Curación

La *Teshuvá* es otro aspecto crucial en la curación cabalística. El arrepentimiento sincero por los errores cometidos y el compromiso de corregir estos errores son vistos como medios poderosos de limpiar bloqueos espirituales y traer renovación. En la Cabalá, el pecado es visto como una interrupción en el flujo de las energías divinas, y la *Teshuvá* restaura este flujo.

Práctica de *Teshuvá* para Curación: Reserve un tiempo para reflexionar sobre acciones o comportamientos que puedan haber creado bloqueos espirituales. Reconozca estos errores, pida perdón y comprométase a cambiar. Visualice la luz blanca de Biná (Entendimiento) fluyendo a través de usted, purificando su espíritu y abriendo los canales para que la energía divina fluya libremente. Esta práctica trae curación emocional y espiritual, restaurando la integridad del alma.

La curación cabalística es un proceso profundo que implica la restauración del equilibrio entre las Sefirot y la alineación del cuerpo, la mente y el espíritu con la voluntad divina. A través de prácticas como la meditación, la visualización, la invocación de los Nombres Divinos, las *Mitzvot* y la *Teshuvá*, el practicante puede acceder a las energías curativas de las Sefirot y traerlas a su vida cotidiana.

Capítulo 13
Cabalá y Psicología
La Integración del Ego

La integración del ego es un tema central en la Cabalá y, al mismo tiempo, un tópico esencial dentro de la psicología moderna. La Cabalá nos enseña que el ego, o el *Yetzer Hará* (inclinación al mal), no es simplemente una fuerza negativa a ser erradicada, sino un aspecto vital del alma humana que necesita ser comprendido e integrado de manera equilibrada. En la tradición cabalística, el ego puede ser una herramienta poderosa cuando se alinea con la voluntad divina, y su papel es fundamental en nuestra jornada espiritual de *Tikun* (corrección).

No obstante, el ego también puede ser un obstáculo significativo para el crecimiento espiritual, especialmente cuando se manifiesta de manera descontrolada, llevando al orgullo excesivo, a la autosuficiencia o a la separación de los demás. Así, la Cabalá y la psicología moderna comparten la comprensión de que el ego no debe ser eliminado, sino integrado y equilibrado con el propósito espiritual más elevado del alma.

El Árbol de la Vida, con sus *Sefirot*, sirve como un mapa psicológico y espiritual que describe el proceso de integración del ego. Cada *Sefirá* puede ser vista como un aspecto del yo interior que, cuando está equilibrado, permite que el ego desempeñe su papel constructivo dentro de la totalidad del alma.

El Ego en la Cabalá y su Función

Dentro de la Cabalá, el ego está íntimamente relacionado con la *Sefirá* de *Maljut*, que representa el Reino, es decir, el mundo físico y la manera como manifestamos nuestra individualidad en el mundo material. *Maljut* es la *Sefirá* más baja del Árbol de la Vida, y su papel es recibir las energías de las otras *Sefirot* y manifestarlas en el mundo físico. Así, el ego desempeña una función similar: es responsable de nuestra identidad terrenal, nuestra capacidad de actuar en el mundo físico y de realizar el potencial espiritual.

Sin embargo, *Maljut*, cuando está desconectada de las otras *Sefirot*, puede volverse egocéntrica y aislada. El ego, actuando de manera aislada, puede causar el alejamiento del propósito espiritual y divino. Por otro lado, cuando *Maljut* está conectada con las esferas superiores, particularmente con *Tiferet* (la armonía central del Árbol), el ego se alinea con la voluntad superior, sirviendo como un canal para la manifestación de las energías espirituales en el mundo material.

Por lo tanto, el ego, en la Cabalá, es tanto un desafío como una herramienta esencial. La clave está en integrarlo a nuestro propósito espiritual, de modo que sirva como un medio de expresar nuestra verdadera esencia y contribuir a la elevación del alma y al *Tikun Olam* (la corrección del mundo).

La Psicología del Ego: El Papel del *Yetzer Hará* y del *Yetzer Hatov*

La Cabalá enseña que el ser humano posee dos inclinaciones: el *Yetzer Hará* (inclinación al mal) y el *Yetzer Hatov* (inclinación al bien). Estos dos aspectos son las fuerzas que nos impulsan a tomar decisiones y a actuar en el mundo. El *Yetzer Hará* se asocia frecuentemente con el ego, pues es responsable de nuestros deseos materiales, instintos de supervivencia y autopreservación. El *Yetzer Hatov*, por otro lado, está relacionado con nuestro lado altruista, orientado hacia el bien común y la conexión con la divinidad.

La psicología moderna, especialmente en el campo del psicoanálisis, hace eco de esta dualidad a través de los conceptos de ello (id) y superyó (superego), donde el ello representa los impulsos primitivos y el superyó las normas e ideales morales. Entre estas dos fuerzas está el yo (ego), que intenta equilibrar los deseos instintivos con los valores y las expectativas sociales. De la misma forma, en la Cabalá, el ego (o el self individual) necesita equilibrar las fuerzas del *Yetzer Hará* y del *Yetzer Hatov*, encontrando un camino de armonía entre nuestros deseos egoístas y nuestra responsabilidad espiritual.

Integración del Ego y el Árbol de la Vida

El Árbol de la Vida es una herramienta poderosa para entender cómo el ego puede ser integrado y alineado con el propósito espiritual. Cada *Sefirá* ofrece un camino para refinar y equilibrar el ego, permitiendo que sirva al desarrollo del alma en lugar de bloquear este proceso.

Keter (Corona): Representa el nivel más alto del alma, el punto de conexión con lo divino. En la integración del ego, *Keter* nos enseña a cultivar la humildad, reconociendo que nuestra individualidad es solo una expresión de la voluntad divina. Cuando el ego está equilibrado con *Keter*, se convierte en un vehículo para la manifestación de la luz divina en el mundo, en lugar de buscar la gloria personal.

Jojmá (Sabiduría) y Biná (Entendimiento): Estas dos *Sefirot* ofrecen una comprensión más profunda sobre la naturaleza del ego y cómo integrarlo. *Jojmá* nos conecta a la intuición espiritual y a la sabiduría superior, mientras que *Biná* nos da la capacidad de reflexionar y entender nuestros impulsos egoístas. A través de estas dos *Sefirot*, aprendemos a discernir cuándo el ego está actuando de forma constructiva o destructiva.

Jesed (Bondad) y Guevurá (Fuerza): El ego a menudo se manifiesta a través de comportamientos expansivos o restrictivos. *Jesed* nos enseña a cultivar el altruismo y la generosidad, mientras que *Guevurá* nos enseña a practicar la disciplina y el autocontrol. El ego equilibrado entre estas dos fuerzas se expresa con bondad sin indulgencia y con disciplina sin severidad excesiva.

Tiferet (Belleza): *Tiferet* es la *Sefirá* central que trae armonía al ego. Cuando el ego está alineado con *Tiferet*, es capaz de expresar su individualidad de una manera que contribuye al bienestar del todo. *Tiferet* nos enseña a equilibrar nuestras necesidades personales con el servicio a los demás, reflejando la belleza del alma a través del equilibrio entre las *Sefirot*.

Netzaj (Eternidad) y Hod (Esplendor): Estas dos *Sefirot* lidian con las acciones y reacciones del ego en el mundo. *Netzaj* representa la persistencia y la determinación, mientras que *Hod* refleja la humildad y la aceptación. El ego saludable sabe cuándo actuar con confianza y cuándo ceder con humildad, encontrando el equilibrio entre liderazgo y sumisión.

Yesod (Fundamento): *Yesod* es responsable de la integración de las energías espirituales en el mundo físico. Cuando el ego está alineado con *Yesod*, permite que la luz espiritual fluya a través de nosotros de manera equilibrada y constructiva. *Yesod* nos ayuda a mantener una conexión saludable entre el cuerpo, la mente y el espíritu, facilitando la expresión del propósito divino en el mundo material.

Maljut (Reino): Finalmente, *Maljut* es donde el ego se manifiesta plenamente en el mundo físico. Un ego alineado con *Maljut* es capaz de realizar su potencial espiritual de manera práctica, sin perderse en arrogancia o egoísmo. *Maljut* nos enseña a manifestar nuestra individualidad de manera que beneficie tanto a nosotros mismos como al mundo que nos rodea.

Técnicas para Integrar el Ego

La Cabalá ofrece diversas prácticas para ayudar a integrar el ego de manera constructiva. Algunas de estas técnicas son:

Meditación sobre las *Sefirot*: La meditación sobre el Árbol de la Vida permite que el practicante visualice e integre las diferentes cualidades de las *Sefirot*, equilibrando el ego con las energías divinas. Al meditar en *Tiferet*, por ejemplo, el practicante puede cultivar el equilibrio interior, armonizando el ego con el bienestar espiritual y emocional.

Reflexión diaria y autoevaluación: La práctica de *Hitbonenut* (reflexión profunda) es esencial para observar cómo el ego está influenciando nuestras acciones. Al reservar un momento del día para reflexionar sobre comportamientos egocéntricos o altruistas, podemos corregir patrones negativos y refinar el ego de manera constructiva.

Práctica de *Mitzvot* (mandamientos): Las *Mitzvot* son canales de luz divina que ayudan a alinear el ego con el propósito espiritual. Cumplir las *Mitzvot* con intención consciente es una manera de disciplinar el ego, evitando que domine nuestras acciones y pensamientos. La práctica de *Tzedaká* (caridad) es especialmente poderosa, pues enseña al ego a renunciar a la posesividad y a cultivar la generosidad.

Teshuvá (arrepentimiento): La práctica de *Teshuvá* nos ayuda a reconocer cuándo el ego está fuera de control y a corregir nuestros errores. La *Teshuvá* implica reconocer fallas, buscar reparación y cambiar el comportamiento. Esto permite que el ego se alinee nuevamente con el propósito divino, fortaleciendo el proceso de *Tikun* (corrección).

La integración del ego es uno de los desafíos más importantes del viaje espiritual en la Cabalá. Cuando el ego es equilibrado y alineado con el propósito superior del alma, se convierte en una herramienta de transformación y crecimiento espiritual. El Árbol de la Vida ofrece un mapa detallado para esta integración, y las prácticas cabalísticas proporcionan los medios para alcanzar un equilibrio armonioso entre el yo interior y el mundo espiritual.

La Cabalá, en su profundidad, ofrece herramientas místicas y espirituales que, cuando se comprenden y aplican, pueden transformar la manera en que nos relacionamos con el ego. Así como en la psicología moderna, donde métodos de autoevaluación y autorreflexión son esenciales para el autoconocimiento, la Cabalá nos incentiva a utilizar prácticas meditativas y reflexivas para alcanzar este estado de equilibrio interno.

Prácticas de Integración del Ego con el Árbol de la Vida

La meditación en las *Sefirot* es una de las prácticas más poderosas para la integración del ego. Cada *Sefirá* representa una cualidad divina que debe ser equilibrada en la vida del practicante. A través de la meditación, el individuo puede armonizar estas fuerzas internas y aprender a moderar el ego, alineándolo con los principios espirituales más elevados.

Meditación sobre las *Sefirot*

Keter (Corona): Meditar en *Keter* es meditar en la idea de humildad máxima. El ego debe ser reconocido como parte del todo, no como el centro de todo. El practicante se concentra en su conexión con el infinito, recordando que el ego es un vehículo para manifestar lo divino y no el objetivo final. Esta meditación puede involucrar la repetición de un mantra que remite a la unidad divina, como "*Ein Sof*" (el Infinito).

Jojmá (Sabiduría) y Biná (Entendimiento): Estas *Sefirot* trabajan en conjunto, representando el insight espiritual y el análisis intelectual. Durante la meditación, el practicante reflexiona sobre cómo el ego responde a estas cualidades. ¿El ego se pierde en su propia sabiduría o busca comprender lo divino con humildad? La meditación en *Jojmá* y *Biná* invita al practicante a discernir entre las intuiciones que surgen del ego y aquellas que provienen del alma superior.

Jesed (Bondad) y Guevurá (Disciplina): El equilibrio entre el amor altruista (*Jesed*) y la autodisciplina (*Guevurá*) es crucial para la integración del ego. Meditar en *Jesed* implica cultivar una actitud de generosidad y bondad, percibiendo cómo el ego puede servir a los demás. Por otro lado, meditar en *Guevurá* permite que el practicante imponga límites saludables al ego, previniendo excesos y comportamientos destructivos. Visualizar estas dos fuerzas equilibrándose en el alma es una práctica fundamental para armonizar el ego con el espíritu.

Tiferet (Belleza): *Tiferet*, el centro del Árbol de la Vida, representa la armonía. Al meditar en *Tiferet*, el practicante busca equilibrar todos los aspectos del alma, especialmente el ego, con el propósito espiritual. La meditación aquí puede involucrar visualizaciones de luz, simbolizando la belleza interior y la armonía del ser que refleja lo divino. El ego debe encontrar su lugar dentro de esta belleza, no dominando, sino sirviendo al equilibrio.

Netzaj (Persistencia) y Hod (Humildad): Estas *Sefirot* son complementarias. La meditación en *Netzaj* invita al practicante a reflexionar sobre su determinación y cómo el ego lidia con el éxito y la resistencia. La meditación en *Hod*, por otro lado, cultiva la humildad y la aceptación. El ego equilibrado sabe cuándo insistir y cuándo ceder, cuándo tomar el liderazgo y cuándo retirarse. Visualizar estos dos pilares trabajando en conjunto es un ejercicio esencial en la moderación del ego.

Yesod (Fundamento): Meditar en *Yesod* es meditar en la expresión saludable del ego en el mundo físico. El ego, cuando está equilibrado, se convierte en un canal para la energía divina. En esta práctica, el practicante visualiza *Yesod* como un filtro que purifica y equilibra el ego, permitiendo que manifieste el propósito espiritual de forma constructiva.

Maljut (Reino): *Maljut* es la manifestación final, donde el ego se expresa plenamente en el mundo. Meditar en *Maljut* implica reflexionar sobre cómo el ego actúa en las interacciones cotidianas, especialmente en relación con el poder y el control. Visualizar *Maljut* como un reino que sirve al bien mayor, en vez de a los caprichos del ego, es una práctica transformadora.

Autoevaluación y Reflexión Profunda

La práctica de *Hitbonenut* (autorreflexión) es otra herramienta poderosa que la Cabalá nos ofrece. Durante este proceso, el practicante observa sus pensamientos, acciones y motivaciones diarias, intentando identificar cuándo el ego está actuando de manera desequilibrada. A través de la autoevaluación, es posible detectar patrones de comportamiento que indican un ego inflado, autocentrado o, por el contrario, un ego debilitado e inseguro.

La Cabalá enseña que el ego saludable es aquel que tiene conciencia de sus límites y de su función espiritual. No debe ser suprimido, sino refinado. Durante el ejercicio de *Hitbonenut*, es útil hacerse preguntas como:

"¿Estoy actuando por orgullo o por amor al bien mayor?"

"¿Mi actitud hoy refleja el equilibrio entre *Jesed* y *Guevurá*?"

"¿Estoy permitiendo que mi ego sirva al propósito divino?"

Estas reflexiones diarias crean una autoconciencia que ayuda a moderar y transformar el ego con el tiempo.

Teshuvá y el Ciclo de Crecimiento

La *Teshuvá* (arrepentimiento o retorno) es un proceso esencial para la integración del ego. En la Cabalá, la *Teshuvá* es vista como una oportunidad no solo de corregir errores, sino de transformar el ego en una fuerza positiva. Al reconocer los errores y corregir los comportamientos egocéntricos, el practicante comienza a reconectarse con la esencia divina. El arrepentimiento sincero purifica el ego, permitiendo que se alinee más plenamente con el propósito espiritual del alma.

La práctica de la *Teshuvá* implica reconocimiento, reparación y cambio. En primer lugar, el practicante reconoce dónde el ego falló en servir al bien mayor. Luego, busca reparar el daño causado, ya sea emocional, espiritual o físico. El proceso de *Teshuvá* se completa con la transformación del comportamiento, alineando el ego de acuerdo con las leyes divinas y el *Tikun* (corrección del mundo).

Ejercicios Prácticos de Autoequilibrio

Para facilitar la integración del ego, algunas prácticas simples pueden ser incorporadas al día a día:

Práctica de *Tzedaká* (Caridad): Dar caridad de forma regular, sin buscar reconocimiento, es una manera práctica de refinar el ego. La *Tzedaká* ayuda al practicante a desapegarse del egoísmo y a cultivar la generosidad.

Mantras y Afirmaciones: Utilizar mantras cabalísticos o afirmaciones diarias que refuerzan la humildad y el servicio a lo divino puede ayudar a moldear la perspectiva del ego. Frases como "Sirvo al propósito divino" o "Mi verdadera fuerza viene de la luz infinita" pueden reprogramar la mente para un equilibrio saludable.

Journaling (Diario Espiritual): Mantener un diario espiritual, en el cual el practicante registra sus reflexiones diarias, identificando momentos de desequilibrio del ego y maneras de mejorar, es una excelente herramienta para el autodesarrollo. Este proceso permite que el practicante acompañe su progreso en la integración del ego.

La Cabalá y el Desarrollo Psicológico

La psicología moderna también ofrece insights valiosos para la integración del ego. Prácticas como la terapia cognitivo-conductual (TCC) y el mindfulness encuentran paralelos en la Cabalá. Así como el *Hitbonenut* ayuda a reflexionar sobre el comportamiento del ego, la TCC auxilia al practicante a identificar patrones de pensamiento destructivos y a sustituirlos por patrones saludables.

El desarrollo psicológico implica aprender a coexistir con el ego de manera equilibrada. A través de las prácticas cabalísticas, es posible alcanzar una comprensión más profunda del ego y su papel en la jornada espiritual, resultando en una mente más integrada y un espíritu más elevado.

La integración del ego, en la visión de la Cabalá, es tanto un proceso espiritual como psicológico. Al equilibrar las fuerzas de las *Sefirot*, reflexionar sobre el comportamiento y practicar *Teshuvá*, el ego se transforma en una herramienta poderosa para la manifestación de la luz divina en el mundo. El practicante, al involucrarse en estos procesos, no solo se vuelve más consciente de sí mismo, sino que también contribuye al *Tikun Olam*, ayudando a reparar el mundo a su alrededor.

Capítulo 14
El Camino del Justo
El Tzadik en la Cabalá

El concepto de Tzadik, o "el justo", ocupa un papel central en la espiritualidad cabalística. En la tradición judía, un Tzadik es visto como un individuo que ha alcanzado un nivel elevado de rectitud, alguien que equilibra sus deseos personales con las necesidades espirituales y actúa constantemente en alineación con los mandamientos divinos. El Tzadik, además de ser una referencia moral, es también una figura espiritual cuya presencia y acciones ayudan a sostener y equilibrar el mundo. Según la Cabalá, un Tzadik actúa como un canal entre lo divino y el mundo material, influenciando positivamente el equilibrio cósmico.

La Cabalá nos enseña que todos tenemos el potencial de recorrer el camino del justo, utilizando las herramientas espirituales y prácticas cabalísticas para refinar nuestros pensamientos, acciones e intenciones. El camino del Tzadik no está reservado para unos pocos elegidos; se trata de una jornada disponible para cualquiera que busque la rectitud y la armonía espiritual.

La Misión del Tzadik en la Cabalá

En la Cabalá, el concepto de Tikun Olam (corrección del mundo) está íntimamente relacionado con el papel del Tzadik. El Tzadik actúa como un agente de curación y reparación, ayudando a traer armonía entre los mundos espirituales y materiales. Su misión no es solo su propia elevación espiritual, sino también contribuir al equilibrio y la rectificación del mundo como un todo.

El Tzadik es visto como alguien que refleja la luz divina en el mundo, viviendo de acuerdo con las enseñanzas de las Sefirot e incorporando la armonía del Árbol de la Vida en su vida cotidiana. Su presencia actúa como un pilar de estabilidad en el cosmos, ayudando a mantener el equilibrio entre las fuerzas del caos y la orden. En la literatura cabalística, hay una expresión común: "El mundo se sostiene gracias a los justos". Esto significa que la rectitud y las buenas acciones de personas como el Tzadik tienen un impacto profundo y positivo en el orden cósmico.

Las Cualidades de un Tzadik

El camino del Tzadik está marcado por diversas cualidades y virtudes que la Cabalá valora. Entre ellas están:

Humildad: El Tzadik reconoce que su fuerza y sabiduría vienen de una fuente superior. Su humildad es una de las cualidades más importantes, pues ella permite que él sirva como un canal puro para la energía divina. La humildad, en la Cabalá, está asociada a la Sefirá de Keter, la corona que representa el principio supremo de la rendición a lo divino.

Altruismo: El Tzadik actúa en beneficio de los otros. Él coloca las necesidades de la comunidad y del mundo por delante de sus deseos personales. Esto está profundamente ligado a la Sefirá de Chesed (bondad), que expresa la capacidad de dar sin esperar nada a cambio.

Disciplina: Aunque el Tzadik sea compasivo y bondadoso, él también sabe cuándo ejercer restricción y disciplina. Esta cualidad está relacionada a la Sefirá de Guevurá (fuerza), que equilibra Chesed. Un Tzadik sabe cuándo imponer límites y cómo guiar a los otros con firmeza, sin perder su esencia amorosa.

Armonía: El Tzadik es capaz de encontrar el equilibrio entre las fuerzas opuestas de la vida. Él es el ejemplo vivo de la Sefirá de Tiferet (belleza), que representa la armonía entre la bondad y la severidad. Su vida es un reflejo de esa belleza espiritual, que se manifiesta en la forma de armonía entre cuerpo, mente y espíritu.

Persistencia: El Tzadik demuestra perseverancia en su jornada espiritual. Él sabe que el camino de la rectitud está lleno de desafíos, pero mantiene su fe y dedicación, superando obstáculos con determinación. Esa cualidad se alinea con la Sefirá de Netzach (eternidad), que representa la capacidad de continuar, independientemente de las dificultades.

Humildad Reflexiva: Relacionada con la Sefirá de Hod (esplendor), esta cualidad refleja la habilidad del Tzadik de ser introspectivo, siempre buscando formas de mejorar su servicio a lo divino. Él está constantemente reflexionando sobre sus acciones, aprendiendo de sus errores y creciendo espiritualmente.

Fundamento: La Sefirá de Yesod (fundamento) está ligada a la capacidad del Tzadik de ser un canal para lo divino, manteniendo su vida fundamentada en la espiritualidad y en sus conexiones con el mundo. El Tzadik es como un puente entre el cielo y la tierra, canalizando las energías superiores para el mundo material.

Realeza y Servicio: Por último, el Tzadik actúa en el mundo de Malchut (reino), la esfera donde la espiritualidad se manifiesta plenamente en el mundo físico. Aunque viva entre los otros, él sirve como ejemplo de liderazgo espiritual y servicio, guiando a los otros para el crecimiento espiritual.

El Tzadik como Canal de Luz

Una de las características más destacadas de un Tzadik es su capacidad de servir como un canal de luz. En la Cabalá, esto significa que él se abre para las energías espirituales divinas y las refleja en el mundo físico, ayudando a elevar y transformar a aquellos a su alrededor. Esta capacidad es especialmente importante en el contexto del Tikun Olam, ya que el Tzadik es una fuerza estabilizadora, que trabaja para curar el mundo de las rupturas espirituales que surgen de la desconexión entre el hombre y lo divino.

El Tzadik no ve separación entre lo espiritual y lo físico. En vez de eso, él reconoce que el mundo material es solo una extensión de lo espiritual, y sus acciones visan unir esas dos realidades. Él trabaja constantemente para purificar sus intenciones y alinearlas con el propósito divino, sirviendo de ejemplo para los otros y, muchas veces, inspirándolos a seguir un camino semejante.

Ejemplos de Tzadikim en la Tradición Cabalística

A lo largo de la historia, muchos individuos fueron reconocidos como Tzadikim. Ellos varían desde grandes maestros espirituales a personas comunes que, por medio de sus acciones justas y compasivas, trajeron luz y cura al mundo.

Rabí Shimon bar Yochai: Considerado el autor del Zohar, el texto central de la Cabalá, Rabí Shimon es uno de los ejemplos más venerados de Tzadik. Él pasó gran parte de su vida enseñando los secretos esotéricos de la Torá y ayudando a sus alumnos a alcanzar niveles espirituales más elevados.

Baal Shem Tov: Fundador del movimiento jasídico, el Baal Shem Tov es otro ejemplo de Tzadik que inspiró a millones con sus enseñanzas sobre la alegría, la fe y el servicio a Dios. Él creía que incluso las personas más humildes podrían alcanzar altos niveles de rectitud por medio de la devoción sincera.

Rabí Yitzchak Luria (el Ari): Conocido como el Ari, él es uno de los mayores maestros de la Cabalá. Sus enseñanzas sobre la reparación del mundo y el papel del Tzadik como una fuerza cósmica de equilibrio son seguidas hasta hoy.

Estos Tzadikim no eran solo sabios espirituales, sino también líderes comunitarios, conocidos por su bondad, compasión y disposición para ayudar a los otros. Ellos vivieron sus vidas en servicio a los otros, demostrando que el camino de la rectitud es accesible a todos.

El Llamado para Ser un Tzadik

La Cabalá enseña que cada ser humano tiene el potencial de convertirse en un Tzadik. Esto no significa que todos serán perfectos, pero que cada persona puede trabajar constantemente para refinar su carácter, alinear sus acciones con lo divino y servir al bien mayor. El proceso de convertirse en un Tzadik involucra:

Autoevaluación constante: Reflexionar sobre sus pensamientos y acciones, buscando siempre mejorar.

Desarrollo de las virtudes: Practicar la bondad, la humildad y la disciplina.

Alineamiento con lo divino: Buscar una conexión espiritual profunda por medio de la oración, meditación y estudio.

Servicio a los otros: Colocar las necesidades de la comunidad y del mundo por encima de las propias.

Esta es una jornada que exige dedicación y persistencia, pero la recompensa es una vida de paz interior, propósito y conexión con lo divino.

El camino del Tzadik en la Cabalá es un modelo poderoso de vida espiritual. Él nos enseña que la verdadera rectitud no se encuentra solo en acciones externas, pero en un equilibrio interno que refleja las cualidades divinas de bondad, humildad, disciplina y servicio. Todos nosotros somos llamados a seguir ese camino, buscando nuestra propia transformación y contribuyendo para la elevación del mundo a nuestro alrededor.

La Práctica Espiritual Diaria del Tzadik

Aunque el Tzadik sea una figura elevada, su vida está marcada por prácticas diarias que cualquier persona puede adoptar. El diferencial está en la intención y en la dedicación con que esas prácticas son realizadas. Para un Tzadik, cada acción, por más simple que sea, está permeada por la intención de servir a lo divino y al bien mayor. El foco no está solo en las grandes obras, pero en la atención a los detalles del día a día, como las interacciones con los otros, las oraciones y las prácticas de meditación.

Oración como Conexión Constante

La oración es una de las principales herramientas del Tzadik para mantenerse conectado con lo divino. Según la Cabalá, la oración no es solo una recitación de palabras, sino un acto de profunda comunicación con Dios. El Tzadik ve la oración como una oportunidad de alinearse con las fuerzas espirituales y de atraer bendiciones para el mundo. Su oración es hecha con humildad e intención pura, reflejando su deseo de ser un canal para la luz divina.

Un ejemplo es la práctica de la Kavaná, la intención consciente durante la oración. El Tzadik busca colocar todo su corazón y alma en cada palabra recitada, transformando la oración en una experiencia de unidad con lo divino. La Kavaná permite que el Tzadik se eleve espiritualmente y traiga cura y armonía al mundo.

Para los practicantes que aspiran recorrer el camino del Tzadik, la oración diaria con Kavaná es una herramienta esencial. La Cabalá sugiere el uso de Salmos y otros textos sagrados como una forma de conectarse a las energías espirituales superiores, promoviendo paz y rectitud tanto para sí mismo cuanto para la comunidad alrededor.

Práctica de Chesed (Bondad y Altruismo)

El Chesed (amor y bondad) es una de las cualidades fundamentales de un Tzadik, y esa práctica va más allá de gestos esporádicos de caridad. El Tzadik practica Chesed diariamente, buscando formas de ayudar a los otros en todos los aspectos de su vida, sea ofreciendo apoyo emocional, material o espiritual. Él ve cada interacción como una oportunidad de esparcir bondad y elevar aquellos a su alrededor.

Para adoptar esta práctica, es necesario desarrollar la conciencia de la necesidad del otro y tener un abordaje activo para ayudar sin esperar retorno. Esto puede ser hecho a través de acciones simples, como oír a alguien con atención, ofrecer palabras de aliento o realizar actos de Tzedaká (caridad), sea con donaciones materiales u ofreciendo tiempo y energía en servicio a los otros.

La práctica de Chesed es considerada un pilar espiritual, pues, de acuerdo con la Cabalá, la bondad activa tiene el poder de abrir portales espirituales y atraer bendiciones. Cuando el individuo actúa con genuino altruismo, él está reflejando la luz de la Sefirá de Chesed, canalizando la energía divina de amor para el mundo físico.

Guevurá: La Disciplina del Justo

Aunque la bondad sea esencial, el Tzadik también sabe equilibrarla con Guevurá, la fuerza de la disciplina y restricción. Esa Sefirá enseña que la disciplina es necesaria para mantener la armonía. El Tzadik aplica Guevurá al moderar sus deseos, manteniendo control sobre sus impulsos y garantizando que sus acciones sean guiadas por la sabiduría y por la necesidad del momento, en vez de por los caprichos del ego.

La práctica de Guevurá involucra establecer límites saludables, tanto para sí mismo cuanto para los otros, sin perder la compasión. Para aquellos que desean seguir el camino del Tzadik, la autoevaluación constante es fundamental. Esto incluye reflexionar sobre las intenciones por detrás de cada acción y mantener una postura disciplinada que equilibre la generosidad con la necesidad de proteger la propia energía y recursos.

Una forma práctica de aplicar Guevurá es crear momentos diarios de silencio y reflexión, en los cuales el practicante revisa sus acciones y motivaciones, garantizando que ellas estén en armonía con los principios espirituales. El Tzadik hace esto constantemente, purificando sus intenciones y garantizando que su disciplina esté al servicio de lo divino.

Tiferet: La Armonía del Corazón

La Tiferet, que representa la belleza y la armonía, es la esencia central del Tzadik. Tiferet refleja el equilibrio perfecto entre las fuerzas de Chesed y Guevurá, y el Tzadik expresa esa armonía en todas las áreas de su vida. Él no es excesivamente indulgente ni rígido de más; en vez de eso, él busca integrar las polaridades para crear una vida marcada por la belleza y justicia.

El Tzadik practica Tiferet viviendo de manera que sus acciones y comportamientos reflejen la belleza divina. Esto significa actuar de manera equilibrada y justa, tanto consigo mismo cuanto con los otros. Aquellos que aspiran a recorrer el camino del Tzadik pueden cultivar Tiferet buscando vivir una vida de integridad y equilibrio emocional, tratando a los otros con justicia, pero también con compasión.

La práctica de Tiferet puede ser desarrollada a través de meditaciones diarias que focan en la armonía interior. Visualizar el Árbol de la Vida y la centralidad de Tiferet ayuda al practicante a integrar esa cualidad, trayendo equilibrio emocional y claridad en las decisiones.

Disciplina Espiritual: Caminos para la Rectitud

La disciplina espiritual es esencial en el camino del Tzadik. La Cabalá nos enseña que, para vivir una vida de rectitud, es necesario tener autocontrol, dedicación y un fuerte sentido de propósito espiritual. El Tzadik no solo actúa de manera justa, sino que también vive en constante estado de crecimiento y refinamiento espiritual.

Hitbodedut: Meditación de Aislamiento

Una práctica poderosa que el Tzadik adopta es la Hitbodedut, una forma de meditación solitaria en que el practicante se retira para estar solo con sus pensamientos y oraciones. Ese momento de conexión interior es una oportunidad para el Tzadik reflexionar sobre su vida, sus acciones y su relacionamiento con lo divino. La Hitbodedut permite que el practicante cree una relación íntima con Dios, conversando abiertamente sobre sus dificultades y expresando gratitud.

En la práctica de la Hitbodedut, el practicante puede meditar sobre las Sefirot, reflexionando sobre cómo esas fuerzas divinas están presentes en su vida y cómo él puede alinearse mejor con ellas. Esa meditación diaria es un punto de anclaje para el Tzadik, ayudándolo a mantener su clara percepción espiritual y su compromiso con el camino de la justicia.

Estudio de la Torá y del Zohar

El Tzadik se dedica al estudio de la Torá, especialmente a los pasajes que revelan los misterios de la espiritualidad, como el Zohar. La Cabalá enseña que el estudio de la Torá es una forma de conectarse directamente con la sabiduría divina, y el Tzadik se sumerge profundamente en este estudio para entender cómo aplicar estas enseñanzas en la vida práctica.

Aquellos que desean seguir este camino pueden integrar el estudio de la Torá y de la Cabalá en sus rutinas diarias, buscando aprender no solo los aspectos esotéricos, sino también cómo estas enseñanzas se manifiestan en lo cotidiano. El Zohar, por ejemplo, ofrece *insights* profundos sobre la naturaleza del alma, las fuerzas espirituales que moldean el universo y el papel del Tzadik como un canal de luz.

Convirtiéndose en un Tzadik en Acción

El camino del Tzadik no es solo teórico; es una práctica continua que se manifiesta en las acciones del día a día. Aquellos que aspiran a acercarse a esta rectitud deben buscar vivir de acuerdo con los siguientes principios:

Servir a los otros: El Tzadik coloca las necesidades de la comunidad en primer lugar. Involucrarse en trabajos de caridad, apoyo emocional u orientación espiritual son formas prácticas de aplicar este principio.

Refinamiento espiritual constante: El Tzadik está siempre buscando maneras de purificar sus pensamientos y acciones, alineándose con la voluntad divina.

Desarrollar la Kavaná: Cada acción es hecha con intención y foco, desde la oración hasta los actos diarios de bondad.

La jornada para convertirse en un Tzadik es una de las más profundas expresiones de la espiritualidad cabalística. Es un camino de autotransformación, servicio a los otros y conexión con lo divino. Por medio de prácticas espirituales diarias, como la oración con Kavaná, la meditación y el estudio de la Torá, cualquier persona puede comenzar a recorrer este camino de rectitud y elevación espiritual. Al vivir con humildad, bondad y disciplina, el practicante no solo eleva su propia alma, sino que también contribuye para el equilibrio y la cura del mundo.

Capítulo 15
La Sabiduría Oculta de los Salmos

Los Salmos ocupan un lugar destacado dentro de la tradición cabalística. Estos poemas y oraciones, compuestos en su mayoría por el Rey David, son vistos en la Cabalá como portales para acceder a dimensiones espirituales profundas. A través de la recitación y meditación en los Salmos, el practicante es capaz de conectarse con las fuerzas divinas que moldean el universo e influyen en su vida cotidiana. En la Cabalá, se cree que cada palabra, cada frase y cada entonación de los Salmos contiene un significado espiritual oculto, capaz de sanar, proteger y elevar el alma.

Desde tiempos antiguos, los Salmos han sido utilizados tanto como fuente de consuelo espiritual como instrumento de poder místico. Se recitan en momentos de angustia, peligro, agradecimiento, alabanza y celebración. En la visión cabalística, los Salmos no son solo expresiones de fe, sino herramientas espirituales que, cuando se usan correctamente, tienen el potencial de activar energías divinas y transformar realidades.

El Poder Místico de los Salmos

Los cabalistas creen que los Salmos poseen un poder oculto, una energía espiritual que puede ser liberada cuando se recitan con la intención correcta. En la práctica cabalística, la *Kavaná* (intención espiritual) es fundamental para desbloquear el poder contenido en las palabras de los Salmos. Esto significa que la recitación mecánica o desatenta no tendrá el mismo efecto que una recitación con foco y devoción. Para acceder a la sabiduría mística de los Salmos, es esencial meditar profundamente en su significado y pronunciarlos con corazón y alma.

De acuerdo con el Zohar, el libro central de la Cabalá, los Salmos contienen claves para acceder a diferentes niveles de conciencia y mundos espirituales. Fueron escritos en un lenguaje que va más allá de la comprensión literal, utilizando metáforas, símbolos e imágenes que reflejan verdades espirituales más profundas. Cada Salmo puede ser entendido en múltiples niveles, desde el más simple hasta el más esotérico.

Los cabalistas también asocian los Salmos a determinadas *Sefirot* del Árbol de la Vida. Por ejemplo, los Salmos que hablan de misericordia están ligados a la *Sefirá* de *Chesed*, mientras que los que tratan de justicia están asociados a *Guevurá*. Al recitar un Salmo con la *Kavaná* apropiada, el practicante puede canalizar las energías de estas *Sefirot*, utilizándolas para alcanzar sanación, protección o elevación espiritual.

La Estructura de los Salmos y Su Significado Oculto

Los 150 Salmos que componen el Libro de los Salmos se dividen en cinco libros menores, lo que, según los cabalistas, corresponde a los cinco libros de la

Torá. Así como la Torá revela los misterios de la creación, de la revelación divina y de la jornada espiritual de la humanidad, los Salmos funcionan como un puente que liga al practicante al universo divino, permitiéndole navegar entre las dimensiones espirituales y materiales.

Cada Salmo es visto como una vibración espiritual, y el sonido de sus palabras, cuando se recitan correctamente, crea ondas de energía que reverberan en el mundo espiritual. Por eso, los cabalistas enfatizan la importancia de aprender la entonación y pronunciación correcta de las palabras hebreas de los Salmos, para que la energía mística contenida en ellas sea totalmente activada.

Algunos de los Salmos son considerados particularmente poderosos dentro de la Cabalá. Por ejemplo:

Salmo 23 ("El Señor es mi pastor, nada me faltará") es frecuentemente recitado para invocar protección espiritual y confianza en las circunstancias difíciles.

Salmo 91 es conocido por su capacidad de proteger contra fuerzas negativas y peligros invisibles.

Salmo 121 ("Elevo mis ojos hacia los montes") se recita para pedir ayuda divina en momentos de duda e incertidumbre.

La Interpretación Cabalística de los Salmos

La Cabalá enseña que los Salmos fueron inspirados directamente por Dios, y cada palabra contiene secretos ocultos que solo pueden ser comprendidos a través del estudio profundo y la meditación. Muchos cabalistas utilizan el sistema de la *Guematría*, que atribuye valores numéricos a las letras hebreas, para revelar las conexiones místicas escondidas en las palabras de los Salmos.

Por ejemplo, el Tetragrámaton (YHVH), el nombre más sagrado de Dios, aparece frecuentemente en los Salmos. Cuando se recita con la *Kavaná* apropiada, invoca la energía creativa y la fuerza protectora de lo divino. La combinación de letras, sonidos e intenciones crea un campo energético que puede influenciar directamente la realidad física y espiritual del practicante.

Además, los cabalistas enseñan que los Salmos pueden ser usados como un medio de acceder a mundos superiores. Cada Salmo corresponde a un nivel específico de existencia, y su recitación abre portales que permiten al practicante conectarse con esas dimensiones. Esto es particularmente importante en las prácticas meditativas, donde el practicante se concentra en un Salmo específico para viajar por los mundos de la Cabalá (*Assiyah*, *Yetzirah*, *Beriá* y *Atzilut*) y obtener visiones u orientación espiritual.

Salmos y Protección Espiritual

En la Cabalá, los Salmos son frecuentemente usados como amuletos espirituales para protección contra fuerzas negativas, enfermedades e incluso enemigos. Muchos cabalistas llevan consigo pergaminos con Salmos escritos, creyendo que estos textos poseen el poder de repeler influencias negativas y atraer bendiciones.

La tradición sugiere que los Salmos no deben ser usados solo como palabras mágicas, sino con la intención clara de alinearse con la voluntad divina y atraer luz y armonía para la vida del practicante. Por ejemplo, recitar el Salmo 91 al enfrentar situaciones peligrosas es una práctica común entre aquellos que siguen la Cabalá, pues este Salmo es conocido por su poder de protección espiritual.

Los Salmos también se usan en rituales de sanación espiritual. Cuando se recitan sobre una persona enferma, con la debida *Kavaná*, los Salmos pueden atraer fuerzas curativas y acelerar el proceso de recuperación. El poder de sanación de los Salmos se refuerza por el hecho de que invocan el nombre de Dios y canalizan energías de las *Sefirot* para restaurar el equilibrio espiritual del cuerpo.

La Práctica de Meditar en los Salmos

Además de ser recitados, los Salmos también pueden ser utilizados como foco de meditación profunda. En la meditación cabalística, el practicante se concentra en las palabras y en las letras de los Salmos, permitiendo que su significado esotérico sea revelado en niveles más profundos de conciencia.

Una práctica común es escoger un Salmo específico que esté relacionado con una cuestión u objetivo espiritual y recitarlo repetidamente, permitiendo que la mente se calme y que la sabiduría oculta del texto surja. Durante esta meditación, el practicante puede visualizar las letras hebreas flotando delante de sus ojos o formando patrones de luz, conectándose con las energías espirituales asociadas a esas letras.

Por ejemplo, al meditar en el Salmo 23, el practicante puede visualizar al "pastor divino" como una luz protectora que lo guía a través de dificultades y obstáculos, sintiéndose envuelto por la presencia reconfortante de Dios. La práctica de la meditación en los Salmos permite que el individuo se alinee con las energías espirituales que los textos invocan, creando una conexión profunda entre el cuerpo, la mente y el espíritu.

El Lenguaje Místico de los Salmos

El lenguaje de los Salmos es rico en imágenes poéticas y símbolos místicos que revelan verdades espirituales sobre el universo y la relación del ser humano con lo divino. Los cabalistas creen que cada imagen —sea el "pastor" del Salmo 23 o los "montes" del Salmo 121— es una representación de fuerzas espirituales en acción.

Por ejemplo, cuando el Rey David habla de la "vara y el cayado" que lo consuelan, él está simbólicamente refiriéndose a las fuerzas de *Chesed* (bondad) y *Guevurá* (disciplina), que juntos traen equilibrio al alma. De la misma forma, el "cáliz rebosante" es una referencia a la abundancia espiritual que fluye cuando el practicante se alinea con la voluntad divina.

Los cabalistas estudian los Salmos profundamente para descubrir las capas simbólicas contenidas en cada versículo. Con la práctica, el lector comienza a percibir que las palabras van más allá de su significado literal y sirven como llaves para abrir portales espirituales.

Los Salmos, como se enseña en la Cabalá, son mucho más que simples oraciones; son herramientas místicas que, cuando se usan con la intención correcta, tienen el poder de transformar vidas, sanar heridas espirituales y ofrecer protección contra fuerzas negativas. Al sumergirse en la sabiduría oculta de los Salmos, el practicante comienza a desvelar los misterios profundos de la espiritualidad cabalística y a acceder a una dimensión más elevada de existencia.

En la segunda parte de este estudio sobre los Salmos, exploraremos prácticas cabalísticas específicas que permiten al practicante utilizar los Salmos para sanación, protección y elevación espiritual, y cómo integrarlos en el día a día como parte de un camino continuo de transformación espiritual.

La práctica cabalística con los Salmos va más allá de la lectura y la meditación. En la Cabalá, los Salmos son usados como instrumentos poderosos de transformación espiritual, que permiten al practicante alcanzar sanación, protección y elevación.

El Uso Práctico de los Salmos para Sanación

En la tradición cabalística, los Salmos han sido ampliamente usados para la sanación espiritual y física. Los antiguos cabalistas veían las palabras de los Salmos como vehículos de energía divina, capaces de restaurar el equilibrio entre el cuerpo y el alma. La creencia es que la enfermedad no es solo una condición física, sino también un reflejo de un desequilibrio espiritual, y, por lo tanto, los Salmos tienen el poder de sanar al realinear las energías espirituales de la persona.

Escogiendo el Salmo Adecuado para Sanación

Cada Salmo tiene un propósito específico dentro de la tradición cabalística, y los Salmos de sanación se seleccionan de acuerdo con la naturaleza de la aflicción. Algunos de los más usados incluyen:

Salmo 6: Este Salmo se recita para pedir sanación en situaciones de enfermedades físicas graves. Clama por la compasión divina y la restauración de la salud, reconociendo la fragilidad humana ante las adversidades.

Salmo 30: Recitado para superar la tristeza y la depresión, este Salmo es una oración para que la luz retorne después de períodos de oscuridad emocional o espiritual.

Salmo 41: Usado para pedir sanación física y emocional, especialmente en casos en que la persona está lidiando con problemas prolongados de salud o desequilibrios mentales.

La práctica consiste en recitar el Salmo escogido con intención concentrada (*Kavaná*), visualizando el cuerpo y el alma siendo llenados por la luz curativa divina. La recitación puede ser hecha varias veces al día, hasta que el practicante sienta un cambio de energía o un alivio de los síntomas.

Técnica de Recitación para la Sanación

La recitación lenta y enfocada es esencial para liberar el poder místico de los Salmos. Al entonar las palabras, el practicante debe enfocar en las letras hebreas, visualizándolas como rayos de luz que entran en el cuerpo, restaurando y sanando. Las letras hebreas son vistas como canales de energía divina, y cada sonido que ellas producen reverbera en el plano espiritual.

Además, el practicante puede usar la visualización de las *Sefirot* durante la recitación. Por ejemplo, al recitar el Salmo 6, el practicante puede visualizar la luz curativa de *Chesed* fluyendo a través de su cuerpo, trayendo compasión y equilibrio. Para situaciones que involucran fuerza o resistencia, la luz de *Guevurá* puede ser visualizada como una fuerza protectora y estabilizadora.

La práctica debe ser acompañada de respiraciones profundas y conscientes, permitiendo que el cuerpo se relaje y esté receptivo a la energía espiritual que está siendo invocada. Cuando se combina con la recitación, este estado de calma permite que las energías curativas fluyan libremente, promoviendo el restablecimiento de la salud.

Protección Espiritual con los Salmos

La Cabalá enseña que, además de promover la sanación, los Salmos pueden ser usados para protección espiritual contra fuerzas negativas e influencias malignas. Los cabalistas creen que las palabras de los Salmos crean un escudo energético alrededor del practicante, alejando el mal y trayendo seguridad espiritual.

Salmos de Protección Contra Fuerzas Negativas

Los Salmos son frecuentemente recitados para protegerse contra peligros físicos, pero también contra influencias espirituales adversas. Algunos de los Salmos más conocidos para protección incluyen:

Salmo 91: Tal vez el más famoso de los Salmos de protección, este texto es recitado para alejar peligros visibles e invisibles, incluyendo enemigos físicos, enfermedades y ataques espirituales. Es considerado un verdadero escudo espiritual.

Salmo 121: Recitado cuando la persona está enfrentando desafíos e incertidumbres, este Salmo pide protección directa de Dios, invocando la guardia constante del Creador.

Salmo 27: Usado en momentos de miedo u opresión, este Salmo fortalece la confianza en lo divino como protector y garantiza la superación de cualquier mal.

Estos Salmos deben ser recitados diariamente, especialmente en situaciones de vulnerabilidad o cuando el practicante siente que está siendo influenciado por fuerzas externas negativas. En la práctica cabalística, se cree que la recitación regular de Salmos de protección crea un campo de energía que aleja el mal y armoniza el ambiente.

Creando Amuletos Espirituales con los Salmos

Los cabalistas también enseñan que los Salmos pueden ser escritos en pergaminos y llevados como amuletos de protección. Estos pergaminos, conocidos como *Kameot*, son tradicionalmente escritos a mano por un escriba entrenado e imbuidos de intenciones espirituales durante el proceso de escritura. El practicante puede llevar el *Kamea* consigo para protección constante.

Aunque este tipo de amuleto es poderoso, el foco siempre debe estar en la intención espiritual. Los Salmos no deben ser vistos como palabras mágicas que funcionan por sí solas, sino como canales de energía divina, activados por la fe y la intención. Al llevar un *Kamea*, el practicante debe mantener su mente y corazón sintonizados con la luz divina, recordando que la verdadera protección viene de su conexión espiritual con Dios.

Elevación Espiritual a Través de los Salmos

La recitación de los Salmos no es solo una práctica de sanación y protección, sino también una herramienta para elevar el alma. En la Cabalá, el alma humana es vista como una chispa divina, que constantemente busca retornar a su fuente espiritual. Los Salmos son vistos como puentes espirituales que permiten al practicante ascender a niveles más elevados de conciencia y conexión con lo divino.

Salmos para Purificación Espiritual

Muchos Salmos son usados para purificar el alma de energías negativas y para liberarse de emociones destructivas, como la ira, el miedo y la tristeza. Algunos de los Salmos más recomendados para purificación incluyen:

Salmo 51: Este Salmo es una oración de arrepentimiento y purificación espiritual, pidiendo a Dios que limpie el corazón y el alma de todas las impurezas. Es frecuentemente recitado en momentos de arrepentimiento o cuando el practicante busca reconciliación espiritual.

Salmo 32: Un Salmo que promueve sanación emocional y elevación espiritual, ayudando a aliviar el peso de la culpa y a abrir el corazón para el perdón.

La práctica de purificación espiritual involucra la meditación profunda en las palabras del Salmo, permitiendo que ellas limpien las emociones y energías negativas que pueden estar bloqueando el camino espiritual. Al recitar estos Salmos, el practicante visualiza la luz divina purificando su corazón y su mente, liberando todo el peso que impide el progreso espiritual.

Salmos para Elevación y Unión con lo Divino

A través de los Salmos, los cabalistas buscan no solo protección y sanación, sino también unión mística con el Creador. Algunos Salmos son recitados con la intención de elevar el alma a los más altos niveles de conciencia, proporcionando una experiencia directa de la presencia de Dios. El Salmo 63, por ejemplo, es un canto de ansia por la proximidad divina, expresando el deseo del alma de estar en unión con el Creador.

Al meditar en estos Salmos, el practicante puede alcanzar estados elevados de contemplación mística, donde las fronteras entre el mundo físico y el espiritual se disuelven. El alma, por medio de las palabras sagradas, es guiada de vuelta a su origen divino, conectándose a las energías de las *Sefirot* y experimentando la presencia directa de Dios.

Prácticas de Entonación y Canto de los Salmos

En la Cabalá, los Salmos también pueden ser recitados a través del canto y la entonación melódica, una práctica que aumenta su poder espiritual. La tradición del canto de los Salmos se remonta a los tiempos del Templo de Jerusalén, donde eran cantados como parte de los rituales espirituales. Hoy, esta práctica continúa como una manera de amplificar las vibraciones espirituales de los Salmos.

El canto de los Salmos con melodías específicas crea un efecto profundo tanto en el cuerpo como en el alma. Las melodías ayudan a armonizar las emociones y crean un campo energético propicio para la meditación y la elevación espiritual. Muchos cabalistas creen que el sonido de las palabras cantadas alcanza directamente las esferas espirituales, acelerando el proceso de sanación, protección o ascensión.

El practicante puede crear su propia melodía intuitiva al recitar los Salmos o utilizar melodías tradicionales, que han sido pasadas de generación en generación. Lo importante es que la entonación se haga con devoción e intención clara, permitiendo que las palabras resuenen profundamente dentro de sí.

Integración de los Salmos en la Vida Diaria

Para el practicante de la Cabalá, los Salmos pueden ser integrados en el cotidiano como parte de una práctica espiritual continua. La recitación diaria de Salmos no solo fortalece la conexión con lo divino, sino que también trae armonía y equilibrio a la vida del practicante.

Se recomienda comenzar el día con la recitación de un Salmo que inspire gratitud y protección, como el Salmo 100 o el Salmo 121, y terminar el día con un Salmo de purificación y reflexión, como el Salmo 4. De esta forma, los Salmos pueden ser usados para marcar ritmos sagrados a lo largo del día, trayendo lo sagrado a cada momento de la vida.

La práctica cabalística con los Salmos es rica y multifacética, ofreciendo herramientas para sanación, protección y elevación espiritual. Al profundizar en esta práctica, el practicante descubre que los Salmos no son solo textos antiguos, sino canales vivos de energía espiritual, capaces de transformar profundamente su vida. Sea a través de la recitación, la meditación o el canto, los Salmos continúan siendo un puente poderoso entre el mundo físico y el espiritual.

Capítulo 16
Cabalá y el Ciclo de las Fiestas Judías

Las fiestas judías, más que simples celebraciones religiosas, son, en la tradición cabalística, poderosos portales espirituales. Cada una de estas festividades está asociada a energías específicas que ofrecen al practicante la oportunidad de alcanzar elevación espiritual, purificación y transformación. En la Cabalá, el tiempo no es visto como una línea recta, sino como un ciclo dinámico, donde ciertos momentos del año permiten el acceso a fuerzas espirituales únicas, ligadas a las energías divinas en constante flujo.

A lo largo del ciclo de las fiestas judías, estas energías permiten que el practicante, cuando es consciente de sus potencialidades, utilice cada ocasión para trabajar aspectos profundos de su alma y de su conexión con lo divino.

El Calendario Judío y el Tiempo Cíclico en la Cabalá

El calendario judío, así como el ciclo anual de las fiestas, está profundamente interligado con las enseñanzas cabalísticas. A diferencia del calendario gregoriano, que sigue un patrón solar, el calendario judío es lunisolar, lo que significa que combina ciclos lunares con la corrección del ciclo solar. Este equilibrio entre el sol y la luna representa en la Cabalá la armonía entre las fuerzas masculinas y femeninas, que se manifiestan en la naturaleza y en las almas humanas.

Cada fiesta judía es como un punto de anclaje que permite al practicante sincronizarse con la energía espiritual de ese momento. Al celebrar estas fiestas con plena conciencia de su significado místico, el practicante se sintoniza con los flujos de energía que influencian tanto el universo como la propia alma.

Rosh Hashaná: El Año Nuevo y el Juicio Divino

Rosh Hashaná, el Año Nuevo Judío, marca el inicio de un nuevo ciclo espiritual. En la Cabalá, este es el momento en que toda la creación pasa por un juicio divino. Dios, en este período, evalúa cada alma, cada ser, determinando el destino de todos para el año siguiente. Sin embargo, este juicio no es solo un decreto inmutable. Los cabalistas enseñan que, por medio de reflexión espiritual y arrepentimiento sincero, es posible influenciar positivamente los decretos que serán escritos en el Libro de la Vida.

La energía de Rosh Hashaná está asociada a la Sefirá de Maljut, que representa el reinado divino sobre el mundo físico. Durante este período, el practicante es invitado a reconocer la soberanía de Dios, reflexionar sobre sus actos pasados y hacer un compromiso espiritual para el nuevo ciclo que se inicia.

La práctica cabalística en este período involucra la meditación en los Nombres Divinos relacionados a la creación y al juicio, especialmente el Tetragrámaton (YHVH), y la recitación de oraciones que abren el corazón para el proceso de juicio divino. La idea central es alinearse con la voluntad divina para que el próximo año esté repleto de crecimiento espiritual y realizaciones.

Yom Kipur: El Día de la Expiación y la Purificación del Alma

Diez días después de Rosh Hashaná, llega Yom Kipur, el Día de la Expiación, el momento más sagrado del calendario judío. Yom Kipur es el ápice del proceso de arrepentimiento iniciado en Rosh Hashaná. En la Cabalá, este es el momento de purificación máxima del alma, cuando las barreras espirituales entre el ser humano y Dios son removidas. Es un período en que la alma puede retornar a su estado más puro, como un vaso limpio listo para recibir la luz divina.

La energía de Yom Kipur está fuertemente ligada a la Sefirá de Guevurá, que representa el rigor y la disciplina. Sin embargo, este rigor es usado de manera positiva, como una fuerza de transformación y rectificación. El ayuno y las restricciones observadas en este día tienen el propósito de purificar el cuerpo y la mente, alejando las distracciones materiales para que el practicante pueda enfocarse en la esencia espiritual.

Durante Yom Kipur, los cabalistas meditan profundamente sobre el Tikún (corrección) de las fallas espirituales y emocionales. Prácticas como la confesión y el pedir perdón son centrales, y ellas deben ser acompañadas por una intención genuina de no repetir los errores del pasado. Al final de Yom Kipur, la alma está preparada para recibir un nuevo influjo de luz espiritual, estando más cerca de su esencia divina.

Sucot: La Fiesta de las Cabañas y la Alegría de la Conexión con lo Divino

Luego de Yom Kipur, comienza Sucot, la Fiesta de las Cabañas. Esta fiesta celebra la protección divina que los israelitas recibieron durante su jornada por el desierto, viviendo en cabañas temporales. En la Cabalá, Sucot es una celebración de la alegría espiritual, representando un momento en que la alma puede sentirse completamente protegida por la presencia divina.

La cabaña temporal, conocida como Sucá, representa la frágil envoltura material de la existencia humana, mientras que la presencia de Dios simboliza la luz espiritual que protege y sustenta al practicante. Sucot está asociado a la Sefirá de Jesed, la emanación divina de la bondad, y, durante este período, el énfasis está en reconocer y celebrar la abundancia divina que fluye para el mundo.

Las prácticas cabalísticas durante Sucot incluyen la meditación en la Sucá como un símbolo de protección espiritual y la elevación de la conciencia más allá de las preocupaciones materiales. Otro símbolo importante de Sucot es el Lulav y Etrog (una rama de palmera y una fruta cítrica), que representan la unificación de las diferentes fuerzas de la creación. Al sacudir el Lulav y el Etrog en diferentes direcciones, el practicante simboliza la armonización de las energías divinas en todos los rincones del universo.

Pésaj: La Fiesta de la Liberación y la Purificación de la Esclavitud Espiritual

Pésaj, la Pascua Judía, conmemora la liberación de los israelitas de la esclavitud en Egipto. En la Cabalá, Pésaj no es solo una celebración de la libertad física, sino una liberación espiritual. Cada persona, en algún nivel, está esclavizada a patrones negativos, sean ellos emocionales, psicológicos o espirituales. Pésaj ofrece al practicante la oportunidad de liberarse de esas amarras y comenzar un nuevo ciclo de crecimiento y ascensión.

Pésaj está asociado a la Sefirá de Tiferet, que representa la armonía y la compasión. Durante esta fiesta, el foco está en la purificación del alma. El Jametz (pan fermentado), que es removido de todas las casas durante Pésaj, simboliza el ego hinchado y las tentaciones que nos impiden alcanzar nuestro potencial espiritual. Al remover el Jametz, el practicante simbólicamente se purifica de esas influencias negativas.

La noche del Séder, la comida ritual que inicia Pésaj, es uno de los momentos más espiritualmente cargados del año. Cada detalle del Séder está repleto de simbolismo cabalístico, desde los cuatro vasos de vino que representan las cuatro emanaciones divinas, hasta la narrativa del Éxodo, que es una metáfora para la jornada del alma en dirección a la libertad espiritual.

Shavuot: La Revelación y la Conexión con la Sabiduría Divina

Shavuot es la fiesta que conmemora la entrega de la Torá en el Monte Sinaí. En la tradición cabalística, Shavuot representa el momento de conexión directa con la sabiduría divina. Este es el período en que la alma puede abrirse para recibir nuevos niveles de entendimiento espiritual.

La energía de Shavuot está conectada a la Sefirá de Biná, que es la emanación de la comprensión profunda. Durante Shavuot, el practicante busca expandir su conciencia espiritual, meditando en las enseñanzas divinas e integrándolas en su vida.

La práctica cabalística durante Shavuot involucra la meditación en la entrega de la Torá y la reflexión sobre cómo la sabiduría espiritual puede ser utilizada para transformar la vida cotidiana. Muchos practicantes pasan la noche de Shavuot estudiando textos sagrados, en un esfuerzo para captar la luz divina que es especialmente accesible durante este período.

El ciclo de las fiestas judías, a la luz de la Cabalá, ofrece una serie de oportunidades para el practicante de conectarse con las fuerzas espirituales que fluyen a través del universo. Cada fiesta trae una energía única, que puede ser aprovechada para purificación, elevación y transformación espiritual. Al alinearse con estas energías, el practicante se sintoniza con el ciclo divino, viviendo de forma más armónica y consciente.

Las fiestas judías no son meras fechas conmemorativas, sino portales espirituales que, de acuerdo con la Cabalá, ofrecen oportunidades para la elevación y transformación personal. Cada una de ellas carga una energía única, ligada a las Sefirot y al ciclo anual de la vida espiritual. En esta parte, el foco estará en las prácticas y rituales cabalísticos asociados a estas festividades, permitiendo que el lector alinee sus acciones con el propósito espiritual de cada una.

Además de proporcionar celebración y renovación, estos rituales ayudan a acceder y canalizar las energías divinas disponibles en cada período sagrado.

Prácticas de Rosh Hashaná: El Juicio y el Recomienzo

Rosh Hashaná, el Año Nuevo Judío, es un momento de profunda introspección y alineamiento espiritual. El primer paso para el practicante, según la Cabalá, es la preparación consciente para el juicio divino que ocurre durante estos dos días. El toque del Shofar es un ritual central. El Shofar, un cuerno de carnero, no es solo un instrumento sonoro; su sonido, en la visión cabalística, despierta el alma y remueve las barreras espirituales que se formaron durante el año.

Antes de Rosh Hashaná, muchos cabalistas practican el Tashlij, un ritual en que se van hasta un cuerpo de agua, simbolizando el deseo de lanzar los pecados y negatividades del año anterior para el fondo de las aguas. Este acto representa la disposición de liberarse de las impurezas espirituales y abrir espacio para una nueva luz.

En el nivel meditativo, los cabalistas reflexionan profundamente sobre la Sefirá de Maljut, la emanación divina relacionada al reinado y a la realización. La pregunta que se hace durante estas meditaciones es: "¿Cómo puedo alinearme más con el plano divino?". Este foco ayuda al practicante a crear intenciones para el próximo ciclo y a abrirse para las bendiciones espirituales de Rosh Hashaná.

El Día de Yom Kipur: La Limpieza Espiritual

Después del proceso inicial de juicio en Rosh Hashaná, el Yom Kipur surge como el Día de la Expiación, el punto culminante del arrepentimiento y purificación. El ayuno completo y la restricción de placeres materiales son prácticas que, según la Cabalá, permiten al practicante trascender el cuerpo físico y enfocarse enteramente en el alma. Es dicho que, en Yom Kipur, la alma alcanza el estado más próximo de su esencia divina, libre de las distracciones del mundo físico.

Uno de los rituales más importantes es el Vidui, la confesión de pecados, que es repetida múltiples veces durante el día. La confesión no es vista solo como un reconocimiento de los errores cometidos, sino como un acto de autotransformación. Al confesar, el practicante no solo se arrepiente, sino que también declara la intención de corregir los desequilibrios espirituales.

La meditación en Yom Kipur gira en torno a la Sefirá de Guevurá, que representa el rigor y el juicio. Aquí, el practicante busca equilibrar esa energía con la fuerza de Jesed (bondad), entendiendo que el juicio severo existe para facilitar la cura y la renovación. Al finalizar Yom Kipur, el practicante está espiritualmente renovado, listo para un nuevo ciclo de vida y crecimiento.

Sucot: El Encuentro con la Divinidad en la Cabaña

Luego de Yom Kipur, se inicia la celebración de Sucot, la Fiesta de las Cabañas, que simboliza la protección divina recibida por los israelitas durante su jornada en el desierto. El practicante construye y habita temporalmente una Sucá (cabaña), que representa la naturaleza transitoria de la vida material y la necesidad de confiar en la protección divina.

En la Cabalá, la Sucá también es vista como un microcosmos de la Sefirá de Jesed, un espacio sagrado donde la energía de amor y protección divina permea el ambiente. Entrar en la Sucá es un acto de confiar en la bondad de Dios y de abrirse para las bendiciones espirituales. Durante los siete días de Sucot, cada día es dedicado a una de las siete emanaciones divinas (las Sefirot), comenzando con Jesed (bondad) y terminando con Maljut (soberanía).

Otro ritual importante es la sacudida del Lulav y Etrog, que representan la unificación de las diferentes energías del universo. Al sacudirlos en todas las direcciones, el practicante armoniza las fuerzas espirituales que sustentan la creación. Esta práctica sirve como un recordatorio de que todo en el mundo, tanto en el plano espiritual como en el material, está interligado.

Pésaj: La Liberación de la Esclavitud Interior

Pésaj, o Pascua Judía, marca la liberación de los israelitas de Egipto, pero, en la Cabalá, esa liberación también es interpretada como la liberación de las fuerzas internas que aprisionan el alma. Antes del inicio de la fiesta, el Jametz (pan fermentado) debe ser removido de todas las casas, representando la purificación del ego y de las impurezas espirituales que crecen de manera desordenada a lo largo del año.

El ritual del Séder de Pésaj, la comida ceremonial, está repleto de simbolismo. El Matzá, el pan no fermentado, es consumido como un recordatorio de la humildad y de la prontitud para la redención. Cada uno de los cuatro vasos de vino bebidos durante el Séder representa las cuatro expresiones de liberación mencionadas en la Torá, cada una correspondiendo a una emanación divina.

Durante el Séder, muchos cabalistas meditan sobre la Sefirá de Tiferet, que representa la belleza, armonía y equilibrio entre las fuerzas espirituales. El objetivo de esa meditación es conectarse a la armonía interna que puede emerger cuando el alma es liberada de sus cadenas espirituales.

Shavuot: La Recepción de la Sabiduría Divina

Shavuot, la fiesta que conmemora la entrega de la Torá en el Monte Sinaí, es un momento de revelación espiritual. En la Cabalá, Shavuot no es solo el aniversario de la Torá, sino una oportunidad para el practicante de recibir nuevos niveles de sabiduría divina.

Durante la noche de Shavuot, es costumbre practicar el Tikún Leil Shavuot, un estudio continuo de la Torá que va desde el atardecer hasta el amanecer. Este estudio es visto como una forma de abrir la mente y el corazón para la luz de la sabiduría divina. Cada palabra estudiada y meditada durante esa noche es como una semilla espiritual que florecerá en el transcurso del año.

La práctica meditativa en Shavuot está centrada en la Sefirá de Biná, la emanación de la comprensión e insight profundo. A lo largo de la fiesta, los practicantes reflexionan sobre cómo integrar el aprendizaje de la Torá en su vida cotidiana, permitiendo que la sabiduría divina moldee sus acciones y decisiones.

El Ciclo de Elevación Espiritual

Las fiestas judías, como vistas por la Cabalá, ofrecen más que simples celebraciones religiosas; son oportunidades para el acceso a energías divinas que pueden purificar, transformar y elevar el alma. Al practicar los rituales y meditaciones cabalísticas asociados a estas fiestas, el practicante puede entrar en sintonía con los ciclos cósmicos y espirituales que permean el año. Así, cada fiesta es un paso en dirección a la redención personal y colectiva, parte de un camino que visa la elevación espiritual continua.

Capítulo 17
El Poder de las Letras Hebreas

En la Cabalá, el alfabeto hebreo ocupa un papel central en la creación del universo y en la comunicación divina. Cada letra es más que un símbolo lingüístico; es una fuerza creativa, con energía espiritual específica y la capacidad de influenciar el mundo físico y espiritual. Para los cabalistas, las letras hebreas no fueron simplemente inventadas por seres humanos, sino reveladas como un código místico que contiene los secretos de la creación y de la propia existencia.

Las letras hebreas están intrínsecamente ligadas a la creación del universo, conforme se describe en el Sefer Yetzirah (Libro de la Creación). Este texto sagrado enseña que Dios usó las 22 letras del alfabeto hebreo como bloques de construcción para moldear todas las realidades. Cada letra carga una energía específica que, cuando se combina con otras letras, produce diversas formas de manifestación.

Además de estar asociadas a las fuerzas creativas, las letras también están vinculadas a las Sefirot, las diez emanaciones divinas que sostienen el universo. Esta conexión hace de las letras poderosas herramientas espirituales, utilizadas en prácticas meditativas y rituales cabalísticos.

Las Letras como Puentes Entre el Mundo Físico y Espiritual

Cada una de las 22 letras hebreas posee un valor numérico, una forma y un sonido, los cuales desempeñan papeles específicos en la energía que transmiten. Por medio de sus valores numéricos, las letras se conectan a la práctica de la Guematria, el sistema cabalístico que busca revelar los significados ocultos detrás de los números y de las palabras.

Por ejemplo, la letra Aleph (א), que es la primera letra del alfabeto, posee el valor numérico de 1. Este número simboliza la unidad de Dios, la fuerza primordial que precede a toda la creación. La Aleph es vista como una letra silenciosa, pues no tiene sonido propio. Esto representa el silencio antes de la creación, el estado de potencial absoluto.

Por otro lado, la letra Bet (ב), que viene justo después de Aleph y posee el valor numérico 2, es asociada a la dualidad y a la manifestación. Mientras que Aleph representa el uno, el principio divino no manifestado, Bet es el símbolo del dos, el inicio de la creación y de la separación entre las energías opuestas — luz y oscuridad, masculino y femenino, espiritual y material.

La forma de cada letra también carga un significado místico. En el caso de Aleph, su estructura combina una Vav (ו) inclinada con dos Yods (anu ,(י arriba y otra abajo. Esto refleja el equilibrio entre el cielo y la tierra, lo divino y lo humano. Las formas de las letras pueden ser vistas como mapas espirituales que representan conexiones invisibles entre los mundos superiores e inferiores.

El sonido de cada letra también es fundamental para su función espiritual. El sonido es considerado una expresión directa de la energía creativa divina. Recitar las letras con intención, sea en oraciones o meditaciones, es un medio poderoso de conectarse con estas energías.

La Letra Yod y el Ciclo de la Creación

Una de las letras más importantes y reverenciadas en la Cabalá es la Yod (י), la letra más pequeña del alfabeto hebreo, pero que contiene significados profundos. Con el valor numérico de 10, Yod simboliza el punto inicial de toda la creación. Se dice que todas las otras letras y formas derivan de este simple punto, haciendo de Yod la base de todo.

En la Cabalá, Yod está íntimamente ligada a la Sefirá de Chochmá, la emanación de la sabiduría divina. Esta asociación es significativa, pues Chochmá es la etapa inicial de la creación, la chispa de inspiración que surge antes de la manifestación completa. Por ser la más pequeña de las letras, Yod también es vista como un símbolo de humildad, sugiriendo que la verdadera sabiduría viene de la capacidad de ser pequeño, de anularse ante lo divino.

La Letra Shin y la Transformación

Otra letra crucial en la Cabalá es la Shin (ש), que es frecuentemente asociada al fuego, a la transformación y a la energía espiritual intensa. Su valor numérico es 300, un número que representa el poder expansivo de la transformación y de la multiplicidad.

La forma de la letra Shin, con sus tres astas que apuntan hacia el cielo, es un símbolo de elevación espiritual. Estas tres astas también representan las tres columnas del Árbol de la Vida cabalístico: Chesed (bondad), Guevurá (fuerza) y Tiferet (armonía). Así, Shin es un recordatorio de la necesidad de equilibrio e integración entre las fuerzas opuestas de la creación.

En el Tetragrámaton, el Nombre Divino de cuatro letras (YHVH), la letra Shin es frecuentemente vista como un símbolo de la energía divina que permea y sostiene el universo. Meditar en la letra Shin puede ayudar al practicante a transformar limitaciones espirituales y a acceder a niveles más elevados de conciencia.

El Poder Creativo de la Palabra

En la Cabalá, las letras hebreas se vuelven aún más poderosas cuando se combinan en palabras. Cada palabra, compuesta por una secuencia de letras, es vista como una forma de manifestar diferentes aspectos de la creación. Esto significa que las palabras hebreas — especialmente los Nombres Divinos — poseen una fuerza creativa extraordinaria.

La palabra Emet (אמת), por ejemplo, que significa "verdad", está formada por las letras Aleph (א), Mem (מ) y Tav (ת), que son la primera, la letra del medio y la última del alfabeto hebreo. Esto simboliza que la verdad abarca el comienzo, el medio y el fin de toda la creación. La verdad es el principio divino que sustenta y permea todos los niveles de la existencia.

Otro ejemplo es la palabra Chai (חי), que significa "vida". Compuesta por las letras Chet (ח) y Yod (י), esta palabra no solo refleja la fuerza vital que sostiene a todos los seres, sino que también carga una connotación de dinamismo y cambio continuo. En la práctica cabalística, meditar sobre la palabra Chai puede despertar energías de renovación y vitalidad.

Meditar en las Letras Hebreas

La práctica de meditar en las letras hebreas es una de las formas más poderosas de acceder a las energías espirituales contenidas en cada una de ellas. Los cabalistas visualizan las letras en sus mentes, observando sus formas y reflexionando sobre sus significados espirituales. Al hacer esto, entran en contacto directo con las fuerzas creativas que sostienen el universo.

Un ejemplo de esta práctica es la meditación en la letra Hei (ה), que está ligada a la Sefirá de Biná y al concepto de creación a partir de la nada. Hei es vista como la puerta a través de la cual las almas entran en el mundo físico. Al meditar en la forma abierta de esta letra, el practicante visualiza este pasaje y reflexiona sobre la interconexión entre los mundos espirituales y materiales.

Otra práctica común es la meditación en Aleph, que simboliza la unidad divina. Al visualizar el Aleph y su equilibrio entre los mundos superior e inferior, el practicante busca alinearse con esta armonía cósmica.

La Influencia de las Letras en el Día a Día

Además de ser usadas en meditaciones y prácticas espirituales, las letras hebreas también influencian la vida cotidiana de maneras sutiles y poderosas. Por ejemplo, la elección de un nombre en hebreo carga gran importancia. Un nombre no es solo una identificación, sino un reflejo del alma de una persona y de su misión espiritual. Los cabalistas frecuentemente analizan el nombre de alguien por medio de la Guematria, revelando insights sobre el destino y las cualidades espirituales de la persona.

Las letras también son usadas en amuletos y protecciones espirituales. Ciertas combinaciones de letras son vistas como poderosos escudos espirituales, capaces de alejar energías negativas y atraer bendiciones. Esto demuestra cómo las letras pueden ser usadas para crear cambios concretos en el mundo físico.

El alfabeto hebreo es más que un simple lenguaje; es una herramienta mística con el poder de transformar la realidad. Cada letra carga consigo una energía única, ligada a la creación y a la manifestación divina. Al estudiar y meditar en las letras hebreas, el practicante de la Cabalá puede alinearse con estas fuerzas creativas y abrir puertas a niveles más profundos de conciencia y espiritualidad.

En la profundización del estudio sobre las letras hebreas, vamos a explorar cómo aplicar el conocimiento de estas energías místicas de manera práctica, tanto en meditaciones como en transformaciones personales. Las letras hebreas no son solo símbolos de un alfabeto, sino vehículos espirituales poderosos que pueden ser usados para crear, modificar e influenciar las realidades internas y externas del practicante. La Cabalá enseña que, al conectarse conscientemente con estas letras, podemos desbloquear potenciales ocultos dentro de nosotros mismos y transformar nuestras vidas.

La Visualización de las Letras Hebreas

Una de las formas más eficaces de trabajar con las letras hebreas es por medio de la visualización. Los cabalistas utilizan esta práctica para invocar la energía espiritual contenida en cada letra y aplicarla de forma directa en sus vidas.

Al visualizar una letra, el practicante debe comenzar concentrándose en su forma específica y en cómo esa forma refleja su significado espiritual. Por ejemplo, meditar en la letra Aleph implica visualizar su estructura — la línea diagonal de Vav (ו) y los dos Yods (י) en los extremos — y reflexionar sobre la conexión entre el mundo espiritual superior y el mundo material inferior. Este proceso puede ser comparado a un tipo de meditación geométrica, donde cada línea y curva de la letra es un símbolo de un principio espiritual mayor.

Además de la forma, el practicante debe prestar atención al sonido de la letra, caso ella posea un sonido, o a su ausencia, como en el caso del Aleph. El sonido de las letras, como mencionado anteriormente, representa una manifestación creativa de lo divino, y recitar las letras en voz alta o internamente puede ayudar a traer la energía de la letra para el presente momento. La repetición del sonido, de manera lenta y ritmada, es muchas veces utilizada para anclar la conciencia en un estado elevado de conexión con las fuerzas espirituales.

Meditación en el Tetragrámaton: YHVH

Uno de los ejemplos más profundos de cómo las letras pueden ser usadas en la meditación es la práctica cabalística de visualización del Tetragrámaton, el Nombre Divino formado por las letras Yod (י), Hei (ה),

Vav (ו) y Hei (ה). Este nombre, que es considerado el más sagrado de todos, representa la esencia divina y la fuerza creativa que permea toda la existencia.

La meditación en el Tetragrámaton involucra varias etapas de visualización y reflexión:

Yod (י): Representa el punto inicial de la creación, la chispa de la conciencia divina. Al visualizar el Yod, el practicante se conecta con el aspecto divino que está más allá de cualquier forma física, la pura energía de potencial creativo.

Hei (ה): La primera Hei representa la etapa de expansión y manifestación a partir de ese punto inicial. Es el "aliento" de la creación, la formación de una idea o concepto. Visualizar el Hei es conectarse con el proceso de dar forma a lo que era previamente no manifestado.

Vav (ו): Esta letra simboliza el canal a través del cual la energía espiritual fluye del mundo divino al mundo material. Al meditar en la letra Vav, el practicante imagina esta energía fluyendo hacia la realidad física, estableciendo un puente entre lo espiritual y lo material.

Hei (ה): La segunda Hei completa el ciclo de la creación, trayendo la energía espiritual plenamente al mundo físico. Visualizar esta letra final es visualizar la manifestación completa de la creación en su forma más tangible y concreta.

La práctica de estas visualizaciones no es solo teórica; su objetivo es alinear al practicante con los principios divinos que rigen la creación. Al trabajar consistentemente con el Tetragrámaton, es posible entrar en sintonía con los ciclos de creación y manifestación que ocurren tanto en el universo como dentro de cada individuo.

El Uso de las Letras Hebreas para la Transformación Personal

La aplicación de las letras hebreas va más allá de la meditación estática. Pueden ser usadas para promover transformaciones personales profundas. Cada letra representa una cualidad espiritual que puede ser cultivada o despertada en el practicante, dependiendo de sus necesidades y desafíos.

Por ejemplo, una persona que esté enfrentando desafíos relacionados con la autoexpresión puede concentrarse en la letra Peh (פ), que está asociada a la boca y a la capacidad de comunicación. La meditación y la recitación de Peh pueden ayudar a liberar bloqueos relacionados con el habla, permitiendo que la persona se exprese con mayor claridad y sinceridad.

De la misma forma, alguien que esté buscando más fuerza de voluntad o resiliencia puede meditar en la letra Tav (ת), que es la última letra del alfabeto y simboliza la conclusión y la determinación. Tav también representa el fin de un ciclo, lo que puede ser útil para aquellos que están en busca de completar un proyecto o de superar una fase difícil en sus vidas.

La Composición de los Nombres: Energía Personal y Divina

Otra práctica importante que involucra las letras hebreas es el estudio y la meditación sobre los nombres — tanto los Nombres Divinos como los nombres personales. En la tradición cabalística, los nombres no son meras etiquetas, sino expresiones de la esencia y de la misión espiritual de un individuo. Cada letra de un nombre contribuye con una energía específica que moldea el carácter y el destino de la persona.

La práctica de meditar en el propio nombre o en nombres sagrados es una manera de activar esas energías e integrar sus potenciales en la vida diaria. Por ejemplo, el nombre hebreo Moisés (Moshe, משה) está compuesto por las letras Mem (מ), Shin (ש) y Hei (ה). Cada una de estas letras carga un significado profundo: Mem está asociada a las aguas y a la sabiduría fluida, Shin al fuego y a la transformación, y Hei al proceso de revelación. Meditar en este nombre puede ayudar a despertar estas cualidades y a entenderlas de forma más profunda.

Además, los cabalistas también creen que meditar en los Nombres Divinos puede traer protección y orientación. La combinación de letras en el nombre Elohim (אלהים), por ejemplo, contiene significados poderosos asociados a la fuerza, justicia y juicio. Al conectarse con estas letras por medio de la meditación, el practicante puede acceder a estas cualidades divinas en momentos de necesidad.

Prácticas de Canto y Recitación

Otro método poderoso de trabajar con las letras hebreas es el canto o recitación de las letras. Este método, conocido como Hitbodedut o Hitbonenut, involucra la repetición de sonidos y palabras específicas para inducir un estado elevado de conciencia espiritual.

Al recitar las letras en secuencia o repetir una única letra como un mantra, el practicante activa el poder vibracional de la letra, permitiendo que su energía permee la mente, el cuerpo y el espíritu. Esta práctica puede ser realizada de forma silenciosa o en voz alta, dependiendo de la intención. Cuando se entona en voz alta, la vibración de las letras puede traer un impacto físico tangible, harmonizando las energías internas y externas.

La letra Shin, por ejemplo, que ya fue mencionada como asociada al fuego, puede ser recitada repetidamente para activar una sensación de vitalidad y transformación. De la misma forma, la repetición de la letra Yod puede ayudar a acceder a un estado de sabiduría interior y claridad mental.

Ejercicios para Trabajar con las Letras

Para integrar este conocimiento en una práctica diaria, siguen algunos ejercicios prácticos que puedes realizar para trabajar con las letras hebreas y acceder a sus energías transformadoras:

Visualización Diaria de una Letra: Elige una letra por día para meditar. Visualiza su forma, su color (de acuerdo con tu intuición) y repite el sonido de la letra lentamente. Reflexiona sobre cómo la energía de esa letra puede ser aplicada en tu vida actual.

Meditación en el Nombre Propio: Escribe tu nombre en hebreo y visualiza cada letra separadamente. Reflexiona sobre cómo cada letra influencia tu carácter y misión. ¿Qué puede revelar cada una sobre tus dones y desafíos?

Canto de Mantras de Letras: Elige una letra que sientes que necesitas trabajar, como Shin para transformación o Peh para comunicación. Recita esa letra repetidamente en un tono monótono, enfocando en el sonido y en la vibración que crea en tu cuerpo.

Análisis de Nombres: Aplica los principios de la Guematria para analizar los nombres de personas o palabras importantes en tu vida. ¿Qué revelan los valores numéricos sobre sus conexiones espirituales y energéticas?

Las letras hebreas son mucho más que simples caracteres; son poderosas herramientas espirituales que pueden traer transformación en niveles profundos. Trabajar con estas letras, sea por medio de meditación, recitación o visualización, permite al practicante acceder a una vasta fuente de energía creativa y espiritual, alineándose con las fuerzas que moldean el universo. Con práctica consistente, estas letras pueden abrir puertas a nuevos niveles de entendimiento, cura y desarrollo espiritual.

Capítulo 18
La Cabalá y los Sueños

Los sueños ocupan un papel significativo en la Cabalá, siendo considerados mensajes directos del inconsciente y del mundo espiritual. Desde tiempos antiguos, los cabalistas creían que los sueños eran más que simples actividades mentales durante el sueño; son canales de comunicación entre el alma y las dimensiones superiores. A través de los sueños, el mundo espiritual puede revelar secretos, dar orientaciones e incluso permitir que el alma acceda a niveles más elevados de conciencia.

La Cabalá enseña que, durante el sueño, el alma humana pasa por un viaje. Parte del alma, principalmente el Nefesh (el nivel más básico del alma), permanece en el cuerpo, mientras que el Ruach y la Neshamá (los niveles emocional y espiritual del alma) pueden elevarse a los mundos espirituales. Al hacer esto, el alma entra en contacto con las fuerzas divinas, ángeles y otras entidades espirituales que residen en diferentes planos de la creación. Es en estos momentos que el alma puede recibir revelaciones y percepciones que, al regresar al cuerpo, se manifiestan en forma de sueños.

Tipos de Sueños en la Cabalá

La Cabalá clasifica los sueños en diferentes categorías, de acuerdo con sus orígenes espirituales y sus contenidos. Estas clasificaciones ayudan a discernir la naturaleza y la relevancia de cada sueño, ya que no todos los sueños son iguales. Algunos pueden ser mensajes divinos, mientras que otros pueden simplemente reflejar las ansiedades y preocupaciones de la vida cotidiana.

Sueños Proféticos: Estos son los sueños que vienen directamente de lo divino o de los mundos espirituales. Traen mensajes claros y simbólicos, a menudo involucrando figuras sagradas o arquetipos espirituales. Los cabalistas creen que los grandes profetas, como José en Egipto, recibieron mensajes importantes a través de este tipo de sueño. Estos sueños son raros y pueden contener orientaciones para decisiones importantes, revelaciones sobre el destino o incluso sobre eventos futuros.

Sueños Psicológicos: Al contrario de los sueños proféticos, los sueños psicológicos son una expresión de las emociones, pensamientos y deseos inconscientes del soñador. Pueden ser reflejos de tensiones, miedos o ansiedades que el individuo está enfrentando en su vida despierta. En la Cabalá, estos sueños son considerados menos espirituales, pero aún pueden ser valiosos, ya que revelan estados internos que necesitan ser tratados o equilibrados.

Sueños Místicos o Espirituales: Estos sueños están entre lo profético y lo psicológico. No son mensajes directos de lo divino, pero son viajes espirituales que el alma hace mientras el cuerpo reposa.

Durante estos sueños, el alma puede encontrar seres espirituales, viajar a través de diferentes niveles de realidad o recibir insights sobre cuestiones personales y espirituales. Estos sueños suelen ser ricos en simbolismo y pueden ser difíciles de interpretar sin una comprensión profunda de los principios cabalísticos.

Simbolismo en los Sueños

El simbolismo desempeña un papel crucial en la interpretación de los sueños cabalísticos. Cada elemento del sueño, ya sea un objeto, un color, una persona o un evento, tiene un significado específico que puede ser descifrado para revelar el contenido espiritual oculto. Los símbolos en los sueños son formas a través de las cuales los mensajes espirituales, a menudo complejos y sutiles, son transmitidos al soñador.

En la Cabalá, algunos de los símbolos más comunes incluyen:

Agua: Simboliza la sabiduría y el conocimiento espiritual. Un sueño que involucre agua puede indicar que el soñador está buscando más sabiduría o está en un proceso de purificación espiritual. La forma que el agua asume en el sueño también es importante: agua limpia puede representar claridad espiritual, mientras que agua sucia puede indicar confusión o emociones negativas.

Árboles: Los árboles generalmente simbolizan el Árbol de la Vida, y los sueños que involucran árboles pueden estar relacionados con el crecimiento espiritual, la conexión con las Sefirot, o incluso con la salud física y emocional del soñador. Soñar con árboles saludables y floridos puede ser una señal de prosperidad y bienestar espiritual.

Luz: La luz se asocia frecuentemente con la presencia divina y la revelación espiritual. Un sueño donde la luz desempeña un papel importante puede indicar que el soñador está recibiendo orientación o que se está acercando a un nuevo nivel de entendimiento espiritual.

Fuego: El fuego es un símbolo de purificación y transformación, y, en los sueños, puede representar una necesidad de cambio o de eliminar algo negativo de la vida del soñador. Sin embargo, también puede ser un símbolo de destrucción, dependiendo del contexto del sueño.

Animales: Diferentes animales pueden tener significados diversos, y su interpretación depende tanto del animal en sí como de su comportamiento en el sueño. Por ejemplo, una serpiente puede ser un símbolo de curación y transformación, mientras que un león puede representar poder y protección.

La Técnica de la Interpretación de los Sueños

Los cabalistas desarrollaron métodos detallados para interpretar los sueños. Una de las técnicas más conocidas es la Hitbonenut, que involucra la meditación y la reflexión profunda sobre los símbolos presentes en el sueño. A través de esta práctica, el soñador puede desdoblar los significados ocultos detrás de los elementos del sueño.

Primero, el soñador debe registrar el sueño inmediatamente después de despertar, ya que los detalles suelen desvanecerse rápidamente. Escribir los símbolos y las emociones experimentadas en el sueño es crucial para la interpretación. El siguiente paso es meditar sobre estos símbolos, conectándolos con las enseñanzas cabalísticas que se relacionan con ellos. Por ejemplo, al soñar con agua, el soñador puede meditar sobre la Sefirá de Chochmah, que representa la sabiduría, y considerar cómo el sueño se alinea con su estado de búsqueda de sabiduría en la vida despierta.

Además, algunos cabalistas recomiendan la consulta con un maestro espiritual o alguien experimentado en interpretar sueños. Esto se debe a que, a menudo, la interpretación correcta de un sueño puede requerir una mirada más profunda y entrenada, capaz de descifrar matices que el soñador solo puede no percibir.

Sueños y el Árbol de la Vida

Uno de los aspectos más fascinantes de la visión cabalística de los sueños es la relación entre los sueños y el Árbol de la Vida. Durante el sueño, el alma del soñador puede ascender por las diferentes Sefirot del Árbol de la Vida, recibiendo insights y experiencias de acuerdo con el nivel espiritual que alcanza.

Assiyah (Acción): Si el sueño ocurre en el nivel de Assiyah, puede estar relacionado con cuestiones prácticas y materiales de la vida despierta. Estos sueños suelen estar más ligados a la realidad cotidiana y menos espirituales.

Yetzirah (Formación): En el nivel de Yetzirah, los sueños pueden concentrarse en cuestiones emocionales y relaciones. Los símbolos pueden revelar sentimientos reprimidos o traumas no resueltos.

Beriá (Creación): Los sueños que ocurren en el nivel de Beriá tienden a ser más espirituales y filosóficos, trayendo mensajes sobre el propósito de la vida o cuestiones más profundas de la existencia.

Atzilut (Emanación): Este es el nivel más elevado y raramente alcanzado en sueños. Cuando un sueño ocurre en Atzilut, puede ser una experiencia de unión con lo divino, donde el soñador se conecta directamente con la fuente de la creación.

El Significado de las Pesadillas

Las pesadillas también son abordadas en la Cabalá como fenómenos que pueden tener significados espirituales importantes. A menudo son vistas como reflejos de tensiones o conflictos internos que necesitan ser resueltos. Sin embargo, también pueden ser manifestaciones de energías externas o fuerzas negativas que rodean al soñador.

Los cabalistas creen que, al experimentar una pesadilla, el soñador debe hacer un análisis cuidadoso de sus emociones y su estado espiritual. Las pesadillas recurrentes pueden ser una señal de que algo en su vida necesita atención o curación. La práctica de Tikun — corrección espiritual — puede ser utilizada para lidiar con los aspectos emocionales o espirituales que las pesadillas revelan.

Ejercicios Prácticos para la Recordación de los Sueños

Para aquellos que desean comenzar a trabajar más profundamente con los sueños, la Cabalá sugiere algunas prácticas simples, pero poderosas, para ayudar a recordar e interpretar los sueños.

Intención antes de dormir: Antes de dormirse, es útil definir una intención clara, como un pedido para recibir orientación espiritual o claridad sobre una cuestión específica. Esta práctica puede aumentar la probabilidad de tener un sueño significativo.

Diario de sueños: Mantener un diario al lado de la cama para registrar los sueños inmediatamente al despertar. Escriba la mayor cantidad de detalles posible, incluyendo símbolos, colores y emociones sentidas durante el sueño.

Oración para la Recordación de los Sueños: Algunos cabalistas recomiendan una breve oración antes de dormir, pidiendo recordar los sueños y recibir insights espirituales a través de ellos.

Los sueños, en la Cabalá, son portales a dimensiones espirituales y revelaciones interiores. Al comprender la estructura de los sueños y los símbolos que contienen, podemos comenzar a trabajar conscientemente con estos estados alterados de conciencia y usar los mensajes de los sueños para nuestro crecimiento espiritual.

Después de entender la importancia de los sueños en la Cabalá y el papel que desempeñan como portales espirituales, el siguiente paso es aprender a aumentar la claridad de estos sueños y dominar las técnicas de interpretación. La práctica cabalística involucra más que solo el reconocimiento de los símbolos oníricos; ofrece un conjunto de herramientas para explorar los sueños de manera consciente y extraer informaciones espirituales significativas.

Técnicas para Aumentar la Claridad de los Sueños

Uno de los principales desafíos que muchas personas enfrentan al trabajar con sus sueños es la falta de claridad. A menudo, los sueños pueden parecer confusos, fragmentados o difíciles de recordar. Sin embargo, la Cabalá enseña que existen maneras de entrenar la mente y el espíritu para recordar e interpretar los sueños de forma más eficaz.

1. Preparación Mental y Espiritual Antes de Dormir

La claridad de los sueños puede ser influenciada por la preparación espiritual y mental antes del sueño. En la Cabalá, la idea de Hitbonenut (meditación) es central para calmar la mente y abrir el alma para los mensajes espirituales durante el sueño. Reservar un tiempo para meditar antes de dormir, enfocándose en calmar los pensamientos, puede crear un ambiente más receptivo para los sueños.

Otra práctica recomendada es recitar Salmos u otras oraciones sagradas antes de dormir. Estos textos son considerados protectores y purificadores, ayudando a alejar energías negativas y creando una apertura para que los sueños sean más claros y espiritualmente orientados. Una oración simple puede ser hecha con la intención de recibir orientación espiritual durante el sueño, como:

"Oh Fuente de la Sabiduría y de la Luz, pido Tu orientación y protección durante mi sueño. Que mi alma pueda recibir Tus mensajes y que yo tenga claridad para comprender los símbolos y enseñanzas que me serán revelados. Amén."

2. Purificación del Ambiente de Sueño

El ambiente físico donde dormimos también tiene un impacto significativo sobre la claridad de los sueños.

Según las enseñanzas cabalísticas, energías espirituales fluyen a través de los espacios físicos, y, por lo tanto, es importante mantener el lugar donde se duerme libre de energías negativas. La práctica de purificación del espacio puede ser hecha de varias maneras, como:

Limpieza física y espiritual del cuarto: Mantener el espacio limpio, organizado y tranquilo ayuda a promover un ambiente de sueño saludable. Además, el uso de elementos espirituales, como la quema de incienso, puede ser una manera de purificar el ambiente. El incienso de mirra o frankincense es frecuentemente usado por los cabalistas para elevar la energía espiritual del espacio.

Colocación de símbolos sagrados: Algunos cabalistas recomiendan mantener un símbolo del Árbol de la Vida o un pergamino conteniendo versículos de la Torá cerca de la cama. Esto crea una conexión directa con la energía divina durante el sueño.

3. Establecimiento de Intención Clara

En la Cabalá, la intención, o kavanah, es crucial en cualquier práctica espiritual, y esto se aplica a los sueños. Establecer una intención clara antes de dormir direcciona la energía espiritual y la atención del alma hacia un área específica. Esto puede ser hecho a través de una meditación corta o de una simple afirmación, pidiendo por orientación o claridad sobre una cuestión específica.

Por ejemplo, si alguien está buscando una respuesta o orientación sobre un dilema, puede concentrarse en ese pensamiento antes de dormirse, repitiendo una afirmación como: "Pido claridad y entendimiento sobre [cuestión específica]." Este acto de direccionar la intención ayuda a abrir el canal de comunicación entre el soñador y las esferas espirituales.

4. Ejercicios para Mejorar la Recordación de los Sueños

La habilidad de recordar los sueños es un paso esencial para interpretar y trabajar con ellos. Algunos cabalistas practican el uso de un diario de sueños, escribiendo lo que recuerdan tan pronto como despiertan. Esto fortalece la capacidad de recordar los sueños y aumenta la conciencia sobre los símbolos y temas que surgen.

Otro ejercicio práctico es enfocarse en los detalles sensoriales de los sueños — los colores, los sonidos, las texturas e incluso las emociones vividas durante el sueño. Cuantos más detalles son registrados, más fácil será la interpretación posterior. Para aquellos que tienen dificultad en recordar los sueños, una técnica simple es decirse a sí mismo, antes de dormir: "Voy a recordar mis sueños al despertar." Esta repetición interna programa la mente a prestar más atención a los sueños.

5. Meditación Matinal

La práctica de una meditación corta inmediatamente después de despertar puede ayudar a aclarar aún más los símbolos y mensajes de los sueños. En el momento entre el sueño y el despertar completo, la mente aún está conectada al mundo espiritual. Sentarse en silencio y reflexionar sobre lo que fue soñado puede traer a la luz nuevas informaciones o aspectos del sueño que inicialmente no eran percibidos.

Una técnica poderosa es enfocar la atención en el símbolo o evento más destacado del sueño y meditar sobre él, pidiendo orientación espiritual para entender su significado. Por ejemplo, si el soñador soñó con una luz brillante, puede meditar en la energía de la luz, preguntando: "¿Qué está tratando de revelarme esta luz?"

Métodos de Interpretación Cabalística de los Sueños

La interpretación de los sueños en la Cabalá es un proceso complejo que involucra tanto el estudio de los símbolos como la intuición espiritual. Aquí están algunos de los métodos cabalísticos más utilizados para interpretar sueños:

1. Simbolismo del Árbol de la Vida

Los cabalistas frecuentemente utilizan el Árbol de la Vida como un mapa para interpretar los sueños. Cada Sefirá representa una cualidad o aspecto específico del mundo espiritual, y los símbolos en los sueños pueden estar relacionados con estas Sefirot.

Por ejemplo, si alguien sueña con una escalera, este símbolo puede ser interpretado como una representación del ascenso del alma a través de las Sefirot, en dirección a una comprensión mayor de la divinidad. Si la escalera es clara y fácilmente escalable, puede indicar progreso espiritual; si es difícil o rota, puede representar bloqueos o desafíos que necesitan ser superados.

2. Interpretación de Números y Nombres

La Guematria, el sistema cabalístico de numerología, también es usada para interpretar los números que aparecen en los sueños. Cada número tiene un valor espiritual, y su significado puede ser revelado al descifrarlo a la luz de la Guematria. Por ejemplo, el número 10 está asociado a la totalidad y a la completitud, ya que es el número de las Sefirot. Soñar con este número puede indicar que el soñador está cerca de alcanzar un objetivo espiritual importante.

De la misma forma, los nombres que aparecen en los sueños pueden tener significados ocultos cuando son vistos bajo la óptica de la Guematria. El nombre de una persona o lugar en el sueño puede revelar más sobre su propósito o su función espiritual.

3. Significado de los Colores

Los colores también desempeñan un papel importante en la interpretación de los sueños cabalísticos. Cada color tiene una correspondencia con las Sefirot y con energías espirituales específicas. Aquí están algunos ejemplos comunes:

Blanco: Pureza, claridad, la presencia de Dios (relacionado con la Sefirá de Keter).

Rojo: Pasión, juicio, fuerza (relacionado con la Sefirá de Gevurá).

Verde: Crecimiento, equilibrio, armonía (relacionado con la Sefirá de Tiferet).

Azul: Sabiduría, espiritualidad elevada (relacionado con la Sefirá de Chochmah).

El color predominante en un sueño puede dar pistas sobre la naturaleza del mensaje espiritual. Un sueño envuelto en blanco puede sugerir que el soñador está en un estado de pureza o está recibiendo un mensaje directo de lo divino.

Práctica de Sueños Lúcidos

La Cabalá también reconoce la importancia de los sueños lúcidos — la capacidad de estar consciente de que se está soñando y, en algunos casos, controlar el sueño. En los sueños lúcidos, el soñador puede explorar conscientemente el mundo espiritual, hacer preguntas e incluso buscar orientación directamente de seres espirituales.

Para cultivar la habilidad de soñar lúcidamente, los cabalistas recomiendan mantener una práctica regular de meditación, cultivando la autoconciencia durante el día. Esto ayuda a aumentar la lucidez durante el estado de sueño. Además, repetir un mantra o intención antes de dormir, como "Voy a reconocer que estoy soñando", puede ayudar a inducir sueños lúcidos.

Cuando se está en un sueño lúcido, el soñador puede aprovechar la oportunidad para preguntar directamente a los símbolos del sueño su significado. Por ejemplo, si una figura misteriosa aparece, el soñador puede preguntar: "¿Quién eres y qué representas?" Esta interacción consciente con el contenido del sueño puede revelar respuestas más profundas e inmediatas.

Sueños y Curación Espiritual

Otro aspecto poderoso de los sueños, según la Cabalá, es su capacidad de ofrecer curación espiritual. A través de los sueños, el alma puede trabajar para procesar y curar traumas, emociones reprimidas o bloqueos espirituales. Los cabalistas creen que muchos de nuestros problemas emocionales y espirituales pueden ser resueltos durante el estado de sueño, cuando estamos más abiertos a las energías de curación.

Para promover esta curación, es útil mantener una actitud de aceptación y receptividad hacia los sueños, confiando en que tienen el potencial de revelar aquello que necesita ser transformado.

Capítulo 19
El Camino del Arrepentimiento Teshuvá en la Cabalá

En la Cabalá, el concepto de Teshuvá, o arrepentimiento, va más allá de la mera confesión de errores y peticiones de perdón. Se trata de un proceso profundo de retorno espiritual al estado de unidad con la Divinidad, reparando fallas espirituales y realineándose con el propósito superior del alma. La palabra Teshuvá viene de la raíz hebrea "shuv", que significa "retornar". Así, Teshuvá es el proceso de "volver" a nuestra verdadera esencia espiritual y corregir las desviaciones que nos alejaron de nuestra conexión con lo divino. La Cabalá enseña que el arrepentimiento es un camino necesario para todo ser humano, pues las imperfecciones y fallas son parte del viaje espiritual. No hay evolución sin errores y sin el esfuerzo consciente para corregirlos. En la visión cabalística, la Teshuvá no es solo una respuesta a los pecados, sino una oportunidad para crecimiento y refinamiento espiritual, permitiendo al alma alcanzar un nivel más elevado de conexión con el Creador.

El Arrepentimiento en la Creación del Mundo

Para entender el papel fundamental de la Teshuvá, es importante observar su posición en el proceso de creación. La Cabalá enseña que el concepto de arrepentimiento fue creado antes incluso de la creación del mundo. Esto significa que, en el propio plano divino, había la previsión de que los seres humanos cometerían errores y necesitarían un camino para redimirse y reconectarse con lo divino. El mundo fue creado de forma intencionalmente imperfecta, con espacio para fallas humanas, de modo que, por medio de la Teshuvá, esas fallas pudieran ser corregidas y el mundo pudiera ser constantemente elevado. Cada vez que un individuo hace Teshuvá, no solo corrige su propia alma, sino que también contribuye a la rectificación y elevación del mundo entero, colaborando en el proceso de Tikun Olam, o corrección del universo.

Las Cuatro Etapas de la Teshuvá

En la tradición cabalística, el proceso de Teshuvá es descrito como teniendo cuatro etapas principales. Cada una de estas etapas refleja un aspecto del viaje interno de arrepentimiento y transformación, proporcionando una guía clara para quien desea recorrer ese camino.

1. Reconocimiento del Error

El primer paso de la Teshuvá es reconocer el error cometido. Este reconocimiento debe venir de una conciencia sincera y honesta de las acciones, pensamientos o palabras que desviaron a la persona del camino espiritual. Sin embargo, no basta solo con admitir el error de forma superficial. Es necesario meditar profundamente sobre cómo esa falla afectó el equilibrio espiritual, tanto a nivel personal como cósmico. En la Cabalá, este reconocimiento también es visto como una forma de iluminar la oscuridad. Cuando un error es reconocido, es traído a la luz de la conciencia, donde puede ser analizado y comprendido. Esto impide que el error permanezca oculto y continúe ejerciendo una influencia negativa sobre el alma.

2. Remordimiento Sincero

Después del reconocimiento del error, el siguiente paso es sentir un remordimiento profundo y sincero por haberlo cometido. Este arrepentimiento no debe ser confundido con culpa o vergüenza, sentimientos que muchas veces pueden paralizar el progreso espiritual. El remordimiento en la Cabalá es una emoción positiva, pues es el despertar del alma a su verdadera naturaleza y el deseo de retornar al estado de pureza. El remordimiento sincero no se trata de una punición emocional, sino de una fuerza transformadora que despierta la voluntad de cambio. Debe ser acompañado de una comprensión profunda de que, a pesar del error cometido, hay siempre la posibilidad de corregir el camino y elevarse espiritualmente.

3. Toma de Decisión para No Repetir el Error

La tercera etapa del proceso de Teshuvá es la decisión firme de no repetir el error. Esto exige una reflexión seria sobre los patrones de comportamiento que llevaron al desvío y el establecimiento de nuevas intenciones para evitar caer en la misma trampa. Esta decisión debe ser tomada con total convicción, garantizando que la persona esté comprometida con el cambio. En la Cabalá, esta etapa es crucial, pues es el momento en que el individuo comienza a reescribir su destino espiritual. Al tomar la decisión consciente de no repetir el error, la persona está, de cierta forma, "creando" un nuevo camino para sí misma. Esto demuestra al universo que hay un deseo genuino de rectificación, y, en respuesta, el universo comienza a reorganizar las circunstancias para apoyar ese nuevo propósito.

4. Acto de Corrección

La etapa final de la Teshuvá involucra la acción concreta de corrección. Este paso va más allá del arrepentimiento interno; exige que el individuo haga algo en el mundo externo para rectificar el error. Esto puede asumir muchas formas, dependiendo de la naturaleza del error. Puede involucrar pedir perdón a aquellos que fueron perjudicados, realizar buenas acciones para equilibrar el impacto negativo, o, en casos más profundos, dedicarse al estudio y a la práctica espiritual para limpiar las energías espirituales involucradas. En el contexto cabalístico, el acto de corrección está íntimamente ligado al concepto de Tikun Olam, pues, al corregir un error, la persona está ayudando a restaurar la armonía en el universo. Cada acto de rectificación no solo cura al individuo, sino que también contribuye a la cura del mundo.

Teshuvá y los Cuatro Mundos de la Cabalá

La jornada de arrepentimiento puede ser vista a través del prisma de los Cuatro Mundos de la Cabalá: Assiyah (Acción), Yetzirah (Formación), Beriá (Creación) y Atzilut (Emanación). Cada uno de esos mundos representa un nivel de existencia y de conciencia espiritual, y la Teshuvá puede ser experimentada en cada uno de ellos. En el mundo de

Assiyah, el arrepentimiento se manifiesta a través de acciones físicas. Es aquí donde la corrección práctica acontece, donde la persona realiza actos de reparación y rectificación. En el mundo de Yetzirah, el arrepentimiento asume la forma de emociones y sentimientos. El remordimiento sincero es sentido en este nivel, despertando el deseo de cambio y purificación interna. En el mundo de Beriá, el arrepentimiento está relacionado al pensamiento y a la intención. Aquí, el individuo medita sobre las causas profundas de sus fallas y establece nuevas intenciones espirituales. En el mundo de Atzilut, la Teshuvá es vivenciada como una unión completa con lo divino. Este es el nivel más elevado de arrepentimiento, donde el alma retorna a su estado puro y original, fundiéndose con la luz divina. Cada nivel de la Teshuvá corresponde a una purificación más profunda, permitiendo que el alma se eleve de un nivel a otro hasta alcanzar la reconciliación completa con el Creador.

El Poder Transformador de la Teshuvá

En la Cabalá, la Teshuvá es vista como una de las fuerzas más poderosas del universo. Hay una enseñanza cabalística que afirma que "no hay nada que esté por encima de la Teshuvá". Esto significa que, independientemente de la gravedad de los errores cometidos, la Teshuvá tiene el poder de rectificar todo y de transformar incluso las acciones más negativas en oportunidades de crecimiento espiritual. Uno de los misterios profundos de la Teshuvá es que, al hacer este proceso de retorno, el individuo no solo se redime, sino que puede transformar sus fallas en méritos. Como enseña el Talmud, "donde los penitentes se quedan, ni siquiera los justos pueden quedarse". Esto quiere decir que aquellos que pasaron por el proceso de Teshuvá alcanzan un nivel espiritual más elevado que aquellos que nunca erraron, pues experimentaron la transformación interna de sus fallas. La Teshuvá también es una demostración del amor incondicional del Creador. La Cabalá enseña que Dios está siempre esperando el retorno del alma, y que no hay límite para la misericordia divina. El proceso de arrepentimiento es, en verdad, un camino de vuelta para ese amor divino, y cada paso dado en esa dirección es recibido con gran acogida por los mundos superiores.

Teshuvá Diaria

Aunque la Teshuvá es muchas veces asociada a grandes transgresiones, los cabalistas recomiendan que sea practicada diariamente, como una forma de mantener la pureza del alma y el alineamiento espiritual. Al final de cada día, el individuo puede reflexionar sobre sus acciones, pensamientos y emociones, buscando corregir cualquier desequilibrio o falla antes de dormir. Esa práctica de arrepentimiento diario ayuda a mantener el alma en un estado constante de purificación, impidiendo que las fallas se acumulen y creen obstáculos espirituales. La práctica diaria de la Teshuvá no solo fortalece la conexión con lo divino, sino que también prepara al alma para una vida de crecimiento espiritual continuo. Ella permite que cada día sea una oportunidad de renovación, donde el alma puede corregir sus desvíos y caminar nuevamente en dirección a la luz. Con esto, el arrepentimiento se torna una práctica no solo ocasional, sino una parte integral de la vida espiritual, trayendo constante evolución, crecimiento y retorno a la esencia divina.

El proceso de Teshuvá es mucho más que una simple práctica de remordimiento. En la Cabalá, él se desdobla en técnicas y prácticas espirituales profundas, que buscan no solo reparar fallas, sino también transformar la propia vida en una jornada constante de retorno y reconexión con el Creador.

Meditaciones Cabalísticas para Teshuvá

La meditación es una herramienta central en la práctica cabalística y desempeña un papel crucial en el proceso de Teshuvá. Una de las meditaciones más poderosas para el arrepentimiento está asociada al Tetragrama, el nombre sagrado de Dios, YHVH (הוהי). Al meditar en las letras del Tetragrama, el cabalista puede reconectarse con las diferentes dimensiones de la divinidad, purificando su alma y realineándose con el propósito divino. Cada letra del Tetragrama representa un aspecto diferente de la existencia:

Yud (י): Representa la sabiduría y el punto inicial de creación. En la meditación, el practicante reflexiona sobre el origen de sus acciones, buscando entender la raíz de sus fallas y el potencial divino detrás de ellas.

Hei (ה): Simboliza la expansión de la sabiduría en entendimiento. Aquí, el practicante medita sobre las consecuencias de sus acciones y cómo estas repercuten en el mundo a su alrededor.

Vav (ו): Representa la conexión entre lo alto y lo bajo, entre lo espiritual y lo material. En esta fase de la meditación, el cabalista busca integrar el aprendizaje espiritual en su vida práctica, comprometiéndose a no repetir sus errores.

Hei (ה): La segunda letra Hei indica la materialización del propósito divino. Al final de la meditación, el practicante visualiza sus fallas siendo transformadas en acciones rectificadas, llevando luz al mundo físico.

Esa meditación es acompañada por visualizaciones específicas, como la luz blanca que purifica y restaura el alma, o la subida progresiva por los Cuatro Mundos de la Cabalá, comenzando en Assiyah y ascendiendo hasta Atzilut, como descrito anteriormente. A medida que el practicante sube por los mundos, él se aproxima a la esencia divina y corrige gradualmente las fallas espirituales que lo alejaron de su camino.

Plegarias de Arrepentimiento y Reconciliación

La oración es otra herramienta poderosa en el proceso de Teshuvá. La tradición cabalística ofrece diversas plegarias para ayudar al practicante a reconectarse con Dios y buscar la reparación de las fallas cometidas. Una de las oraciones más profundas es el Vidui, una confesión recitada en los momentos de arrepentimiento sincero. En el Vidui, el individuo reconoce abiertamente sus fallas delante de Dios, pidiendo perdón con el corazón contrito. El Vidui no es solo una lista de transgresiones; él es una oportunidad de autoevaluación y purificación. Al confesar verbalmente sus errores, el practicante hace que sus fallas dejen de ser inconscientes u ocultas, trayéndolas a la superficie donde pueden ser tratadas. Según la Cabalá, el poder de la palabra hablada es inmenso, pues las palabras moldean la realidad. Al confesar las fallas, el individuo comienza a deshacer los daños causados por sus acciones, permitiendo que el arrepentimiento sincero traiga cura al alma. Además del Vidui, las plegarias de los Salmos son frecuentemente usadas en el proceso de Teshuvá. Específicamente, el Salmo 51 es una oración de arrepentimiento que ha sido tradicionalmente asociada a la búsqueda de purificación y perdón. Las palabras "Crea en mí, oh Dios, un corazón puro, y renueva en mí un espíritu firme" son recitadas como una petición para que el Creador ayude a transformar y renovar el interior de aquel que se arrepiente.

Actos de Bondad y Caridad

La Cabalá enseña que la Teshuvá no es completa sin la acción concreta. Esto significa que además del reconocimiento y la confesión de los errores, es necesario actuar en el mundo físico para reparar los daños causados. Uno de los medios más eficaces para esa rectificación es la práctica de actos de bondad, conocidos como Chessed, y la caridad, Tzedaká. La Tzedaká es un principio fundamental en el misticismo judío, no solo como una forma de ayuda material, sino como una manera de rectificar el desequilibrio espiritual causado por las fallas humanas. Cuando el individuo practica la caridad, él está invirtiendo el flujo de egoísmo que llevó a la transgresión y transformándolo en generosidad. De acuerdo con la Cabalá, el acto de dar abre los canales de bendiciones, permitiendo que la luz divina fluya nuevamente para su vida y para el mundo. Chessed, por su parte, involucra actos de bondad que van más allá del auxilio financiero. Son acciones que promueven la armonía, el amor y el soporte entre las personas, siendo parte esencial del proceso de Teshuvá. Cuando alguien comete un error que perjudicó a otras personas, es por medio de la bondad y de la reconciliación que ese error puede ser verdaderamente corregido. La Cabalá enfatiza que la verdadera Teshuvá solo puede ocurrir cuando se restaura el equilibrio tanto en el nivel espiritual como en el relacional.

El Ayuno y la Reflexión

En ciertos casos, el ayuno es recomendado como una práctica de autoevaluación y purificación durante el proceso de Teshuvá. En la tradición cabalística, el ayuno no es visto como una punición corporal, sino como una manera de elevar el alma al restringir los deseos del cuerpo. El objetivo del ayuno es concentrar la mente y el corazón en las realidades espirituales, creando espacio para la introspección y la reconexión con Dios. Durante el ayuno, el practicante puede dedicarse a la oración, al estudio y a la meditación, buscando un estado más elevado de conciencia espiritual. El ayuno también es una oportunidad para el cabalista reflexionar profundamente sobre sus acciones y motivaciones, sumergiéndose en el proceso de Teshuvá con más intensidad y claridad. Tradicionalmente, el ayuno es combinado con la recitación de los Salmos y otras plegarias que ayuden a elevar el espíritu y purificar el cuerpo.

Teshuvá y el Equilibrio de las Sefirot

La práctica de Teshuvá es frecuentemente asociada al reequilibrio de las Sefirot dentro del alma. Cada Sefirá corresponde a una cualidad espiritual específica y, muchas veces, los desvíos y transgresiones humanas están relacionados a un desequilibrio en esas cualidades. Por ejemplo, si alguien comete un error por causa de la rabia, eso puede indicar un desequilibrio en la Sefirá de Gevurá, que está asociada al rigor y a la justicia. De la misma forma, errores cometidos por indulgencia excesiva pueden reflejar un desequilibrio en Chessed, la Sefirá del amor y de la bondad. El proceso de Teshuvá involucra identificar dónde ocurrió el desequilibrio en las Sefirot y, en seguida, trabajar para restaurar la armonía. Esto puede ser hecho por medio de meditaciones específicas, como la ya mencionada meditación en el Tetragrama, o por prácticas que fortalezcan la cualidad que está en falta. Si el error estuvo relacionado a la falta de autocontrol, por ejemplo, se puede meditar en la energía de Gevurá para restaurar el equilibrio. Si el problema fue la frialdad o el distanciamiento emocional, la meditación en la energía de Chessed puede ser útil para abrir el corazón y reestablecer el flujo de bondad.

La Teshuvá como Renacimiento Espiritual

La Cabalá enseña que la Teshuvá tiene el poder de traer al alma un renacimiento espiritual. Después de completar el proceso de arrepentimiento, el alma es considerada renovada, como si hubiera retornado a su estado original de pureza. Esto refleja la idea de que el arrepentimiento no solo "apaga" las transgresiones, sino que transforma profundamente la esencia de la persona. Esa transformación es descrita como un verdadero renacimiento. El alma, que antes estaba oscurecida por los errores, ahora brilla con más intensidad, pues pasó por el horno de la purificación espiritual. Así, el practicante que completa la Teshuvá se torna un ser humano más elevado, con mayor claridad espiritual, fuerza moral y proximidad con el Creador.

Continuidad y Constancia en el Camino de la Teshuvá

Uno de los aspectos más importantes de la Teshuvá es su continuidad. La Cabalá no ve el arrepentimiento como un evento único, sino como un proceso constante, que debe acompañar al individuo a lo largo de toda su jornada espiritual. Diariamente, el practicante es animado a reflexionar sobre sus acciones, palabras y pensamientos, buscando corregir pequeños desvíos antes que se tornen grandes obstáculos. La práctica constante de Teshuvá ayuda al alma a mantenerse en armonía con el propósito divino. Ella impide que los errores se acumulen y se transformen en cargas espirituales, permitiendo que el individuo continúe creciendo y elevándose espiritualmente. La constancia en el arrepentimiento es uno de los secretos de la evolución espiritual en la Cabalá, pues mantiene al alma siempre abierta a la luz divina.

La Teshuvá es, sin duda, uno de los procesos más profundos y transformadores de la Cabalá. Ella enseña que no importa cuán distantes podamos sentirnos de la luz divina, siempre hay un camino de vuelta, y ese camino es iluminado por el arrepentimiento sincero, por la corrección de los errores y por la renovación del alma. Al practicar la Teshuvá de forma consciente y constante, el individuo se alinea con las fuerzas cósmicas de la corrección y de la redención, trayendo armonía a su propia vida y al mundo a su alrededor.

Capítulo 20
Cabalá y el Papel de la Mujer

En la Cabalá, el papel de la mujer es visto de manera profunda y central, con un énfasis particular en la conexión con las energías divinas femeninas. A diferencia de los enfoques tradicionales que a menudo relegan lo femenino a un papel secundario, la mística cabalística reconoce y reverencia la fuerza creativa y espiritual inherente a la mujer, considerándola portadora de una conexión especial con la Divinidad.

La Shejiná: La Presencia Divina Femenina

En el corazón de la Cabalá, la Shejiná es la manifestación de la presencia divina que habita en el mundo. A menudo se describe como el aspecto femenino de Dios, la parte de la divinidad que está más cerca de los seres humanos, guiándolos y protegiéndolos. La Shejiná es vista como la presencia de Dios en el universo físico y en los asuntos mundanos, conectando el cielo y la tierra.

La Shejiná no es solo un concepto abstracto, sino un aspecto dinámico e interactivo de la divinidad. Está asociada con la compasión, la protección y la acogida, actuando como la "madre cósmica" que sostiene el mundo y sus criaturas. Al mismo tiempo, la Shejiná también sufre cuando la humanidad se aleja de la divinidad, como en los casos de injusticia e impureza espiritual. Cuando las personas cometen actos de desarmonía, "exilian" a la Shejiná, distanciándola del mundo y causando una separación entre lo divino y lo humano.

Dentro de este contexto, la mujer, según la Cabalá, tiene una afinidad especial con la Shejiná. Los cabalistas enseñan que la mujer, en su propia esencia, es una manifestación microcósmica de esta presencia divina femenina. Esto significa que las mujeres, en su papel natural, poseen una sensibilidad espiritual única y un poder innato para traer luz y armonía al mundo, reconectando la Shejiná con la realidad material.

Lo Femenino Divino y la Creación

En el misticismo cabalístico, el proceso de creación se describe a menudo en términos de energías masculinas y femeninas trabajando juntas. Las Sefirot, que representan las emanaciones divinas, contienen tanto elementos masculinos como femeninos. La interacción entre estas energías es esencial para el funcionamiento equilibrado del universo.

La Sefirá de Biná, por ejemplo, se asocia tradicionalmente con lo femenino. Representa la comprensión, la capacidad de nutrir y dar forma a lo que fue concebido por la Sefirá de Jojmá, que representa la sabiduría. Mientras Jojmá planta la "semilla" de la idea, Biná la desarrolla, transformándola en una realidad concreta. Este proceso se ve como análogo a la gestación y al nacimiento en el mundo físico, donde la mujer desempeña el papel central de nutrir y dar vida.

Además, Biná está profundamente conectada con la intuición, otra cualidad asociada a lo femenino en la Cabalá. La intuición se ve como una forma de conocimiento que trasciende el razonamiento lógico y lineal, permitiendo que el alma acceda a verdades espirituales más profundas y sutiles. Esta habilidad intuitiva, valorada en la tradición cabalística, se considera una de las contribuciones más poderosas de la mujer al equilibrio espiritual del universo.

La Mujer como Guardiana del Hogar y de lo Sagrado

En el mundo físico, la mujer ha sido tradicionalmente asociada con el hogar y la familia, pero la Cabalá ve este papel como algo mucho más que meramente doméstico. En la visión cabalística, el hogar es un espacio sagrado, donde la presencia divina puede ser atraída y manifestada, y la mujer es considerada la principal responsable de crear y mantener esta santidad en el espacio físico.

La tradición enseña que las prácticas espirituales diarias de la mujer — desde el encendido de las velas de Shabat hasta la Kashrut (leyes alimentarias) — son formas de atraer a la Shejiná al hogar. El encendido de las velas de Shabat, en particular, se ve como un momento en que la mujer ilumina el mundo espiritual y físico, trayendo la paz y la presencia divina a su hogar. De hecho, el Shabat en sí mismo es personificado en la Cabalá como una novia o reina, una figura femenina que simboliza la unión entre lo divino y el mundo.

Además, la Cabalá enseña que la mujer tiene un poder especial en sus palabras y acciones para influir en el ambiente espiritual a su alrededor. Su papel como madre, esposa y cuidadora no es solo una responsabilidad social, sino una función espiritual elevada que impacta directamente el equilibrio cósmico. Al sostener la armonía y la pureza en su hogar, la mujer está, en realidad, ayudando a traer equilibrio a las fuerzas espirituales del universo.

La Sabiduría Secreta de la Mujer

La tradición cabalística reconoce que la mujer posee una sabiduría espiritual única, a menudo llamada Binat Halev, "la comprensión del corazón". Esta sabiduría es una forma de intuición espiritual que permite a la mujer percibir verdades ocultas y acceder a niveles de entendimiento que pueden no ser inmediatamente evidentes para los demás. Esta "sabiduría del corazón" se ve como un don divino que permite a la mujer ejercer un papel de liderazgo espiritual, especialmente dentro de su familia y comunidad.

En la Cabalá, las mujeres son a menudo vistas como poseedoras de una fuerza espiritual silenciosa, pero poderosa. No es infrecuente que las historias de grandes cabalistas estén acompañadas de relatos sobre las mujeres en sus vidas — esposas, madres, hijas — que desempeñaron papeles fundamentales en su desarrollo espiritual. Estas mujeres frecuentemente servían como consejeras y guías espirituales, ayudando a sus maridos o hijos a alcanzar niveles más elevados de comprensión.

El Equilibrio de las Energías Masculinas y Femeninas

La Cabalá enfatiza la importancia del equilibrio entre las energías masculinas y femeninas, tanto en el mundo exterior como dentro de cada individuo. Aunque cada ser humano tiene su propia proporción de energías masculinas y femeninas, las mujeres son vistas como naturalmente más sintonizadas con las energías femeninas de la creación. Sin embargo, este equilibrio no significa que una energía deba suprimir a la otra; por el contrario, la verdadera armonía se alcanza cuando ambas energías trabajan juntas.

Las prácticas espirituales cabalísticas a menudo implican la meditación sobre estas energías y su integración en la vida diaria. Por ejemplo, en las oraciones matutinas o en las meditaciones sobre el Árbol de la Vida, el practicante busca armonizar dentro de sí las cualidades de Jesed (bondad, generalmente asociada a lo femenino) y Gevurá (fuerza, generalmente asociada a lo masculino). La mujer, en particular, es vista como una experta en la manifestación de Jesed, trayendo la energía de la compasión y la acogida al mundo.

La Mujer y la Transmisión Espiritual

Otro aspecto esencial del papel de la mujer en la Cabalá es su función como transmisora de la espiritualidad a las generaciones futuras. Esto no se limita al papel de madre biológica, sino que incluye cualquier forma de enseñanza, orientación y liderazgo espiritual que la mujer ejerza en su comunidad. La Cabalá valora profundamente el papel de la mujer en la educación espiritual de sus hijos y en la creación de un ambiente que fomente el crecimiento espiritual.

La mujer, al transmitir valores espirituales, se convierte en un puente entre el mundo físico y el espiritual, garantizando que la luz de la Cabalá y del misticismo continúe brillando de generación en generación. Esta función de transmitir la sabiduría divina es más que un simple acto de enseñanza; es un acto de crear y perpetuar la presencia divina en el mundo.

El papel de la mujer en la Cabalá va mucho más allá de las convenciones superficiales que a menudo se atribuyen a lo femenino. Ella es vista como una figura de fuerza espiritual, dotada de una conexión especial con las energías divinas y con la Shejiná. Su poder reside en su capacidad de nutrir, proteger e iluminar tanto a nivel espiritual como físico, convirtiéndose en una guardiana de las tradiciones sagradas y una conductora de la luz divina en el mundo.

Al reconocer y honrar su papel, la Cabalá ofrece a la mujer una posición de profunda reverencia e importancia dentro del esquema cósmico, destacando la interdependencia entre las energías masculinas y femeninas y la importancia de ambas para la realización del propósito divino.

Comprendiendo el papel central de la mujer en la Cabalá, es importante profundizar en las prácticas espirituales específicas que amplifican esta conexión con lo divino femenino. Estas prácticas, tanto simbólicas como meditativas, ayudan a la mujer a expresar plenamente su capacidad de equilibrar las energías femeninas y masculinas dentro de sí y a su alrededor. Además, proporcionan medios para que tanto mujeres como hombres puedan acceder e integrar esta dimensión espiritual femenina en sus vidas, promoviendo una armonía cósmica.

El Encendido de las Velas y la Luz Interior

Una de las prácticas espirituales más reconocidas en la tradición cabalística es el encendido de las velas de Shabat, una ceremonia profundamente significativa que no solo marca el inicio del día de descanso sagrado, sino que también simboliza el acto de traer luz espiritual al mundo. En el misticismo cabalístico, la mujer que enciende las velas está, de hecho, desempeñando un papel de mediadora de la luz divina, invitando a la presencia de la Shejiná a su casa y al mundo. Las velas representan la fusión de las energías femeninas y masculinas, que se unen para crear armonía en el hogar y en el universo.

Durante el encendido, la mujer cubre sus ojos mientras hace la bendición, en un gesto que simboliza la contención de la luz antes de su revelación. Esta práctica es una metáfora del concepto cabalístico de Tzimtzum, en el cual Dios retira parte de Su luz infinita para que el mundo material pueda existir. De la misma manera, la mujer que cubre sus ojos está temporalmente ocultando la luz física para permitir que la luz espiritual fluya e ilumine tanto el espacio físico como el espiritual.

El acto de encender las velas también representa la creación de un espacio de paz y santidad. A nivel espiritual, esto se ve como una forma de fortalecer la conexión de la mujer con la Sefirá de Biná, que representa la comprensión y la sabiduría. La meditación sobre la luz de las velas puede ayudar a la mujer a cultivar una conciencia más profunda de la divinidad y de su propio papel como guardiana de la luz espiritual en el mundo.

Mikve: La Purificación Femenina

Otra práctica espiritual central para las mujeres en la Cabalá es la inmersión en la Mikve, el baño ritual de purificación. Esta práctica, que está relacionada con las leyes de pureza familiar en el judaísmo, tiene profundas raíces místicas en la tradición cabalística, especialmente en lo que respecta a la renovación y la transformación espiritual. La inmersión en la Mikve se ve como un acto de purificación y reconexión con lo divino, simbolizando el retorno a la fuente primordial de la creación.

En la Cabalá, la Mikve se compara con el vientre materno, representando la renovación y el renacimiento espiritual. Al emerger del agua, la mujer se ve como si estuviera siendo recreada, renovada tanto física como espiritualmente. El agua de la Mikve, según la Cabalá, contiene una energía espiritual purificadora que limpia no solo el cuerpo, sino también el espíritu, permitiendo que la mujer se reconecte con su esencia divina.

Esta práctica también está profundamente conectada con el ciclo de la luna y las energías femeninas asociadas a la fertilidad y la creación. La luna, un símbolo tradicional de lo femenino, está asociada al ciclo menstrual y a la renovación cíclica, reflejando los propios procesos naturales de la vida. La inmersión en la Mikve, especialmente después del ciclo menstrual, se ve como un acto de armonización con estas energías naturales, permitiendo que la mujer se alinee con los ritmos cósmicos de la creación y el renacimiento.

En la tradición cabalística, la meditación es una herramienta poderosa para acceder y equilibrar las energías espirituales. En lo que respecta a las energías femeninas, una práctica común implica la meditación sobre las Sefirot que son tradicionalmente asociadas a lo femenino, como Biná (entendimiento), Maljut (reino) y Jesed (bondad).

Biná, como vimos anteriormente, está asociada a la comprensión profunda y a la gestación espiritual. Al meditar sobre esta Sefirá, la mujer puede conectarse con su capacidad de crear, nutrir y manifestar tanto a nivel espiritual como físico. Esta meditación puede implicar la visualización de una luz azul suave, representando el flujo de entendimiento divino que desciende sobre el meditante, proporcionando sabiduría y claridad.

Maljut representa el reino físico, la Sefirá más baja en el Árbol de la Vida, que recibe y manifiesta todas las energías de las Sefirot superiores. Es frecuentemente asociada a la Shejiná y, por lo tanto, a la presencia divina en el mundo material. Meditar sobre Maljut puede ayudar a la mujer a conectarse con su papel como manifestadora de la presencia divina en la tierra, especialmente en el ámbito del hogar y la comunidad. La visualización de una luz dorada o plateada puede ayudar a atraer y amplificar esta energía de manifestación y protección.

Jesed, la Sefirá de bondad y compasión, es otra fuerza femenina poderosa. Está asociada al amor incondicional y al acto de dar. La meditación sobre

Jesed implica cultivar sentimientos de bondad y compasión no solo hacia los demás, sino también hacia sí misma. Visualizar un flujo de luz blanca radiante puede ayudar a despertar estas cualidades en el corazón.

Estas meditaciones no son restringidas solo a las mujeres. Los hombres también pueden practicarlas para sintonizarse con las energías femeninas dentro de sí, equilibrando lo masculino y lo femenino en su propia vida espiritual.

Equilibrio Interno: Integrando lo Femenino y lo Masculino

Aunque la Cabalá reconoce y honra la naturaleza distinta de las energías masculinas y femeninas, hay un énfasis continuo en la necesidad de equilibrio entre ellas. Cada persona, independientemente del género, posee dentro de sí aspectos masculinos y femeninos que necesitan ser armonizados para alcanzar la plenitud espiritual.

Para las mujeres, este equilibrio puede significar integrar la fuerza y el discernimiento típicos de las energías masculinas con la compasión y el entendimiento de las energías femeninas. Meditaciones que involucran las Sefirot masculinas, como Gevurá (fuerza) y Tiferet (belleza), pueden ayudar en este proceso de armonización. De la misma manera, los hombres son alentados a meditar en las Sefirot femeninas para desarrollar una mayor sensibilidad espiritual y una conexión más profunda con la presencia divina.

En el misticismo cabalístico, el concepto de co-creación es central. Así como lo divino crea el universo continuamente, los seres humanos son vistos como socios en este proceso de creación. La mujer, en particular, es considerada una co-creadora en un nivel profundo, no solo en el sentido físico, sino también en el espiritual. Su capacidad de generar y nutrir vida se refleja en su habilidad de co-crear con lo divino por medio de sus acciones, pensamientos y palabras.

Esta co-creación puede ser manifestada de varias maneras: en el cuidado de los demás, en la educación espiritual de los hijos, en la creación de un hogar armonioso y en las contribuciones a la comunidad. La práctica espiritual cabalística invita a la mujer a estar consciente de su papel como creadora y a usar su intuición, compasión y fuerza para moldear el mundo a su alrededor de acuerdo con los principios divinos.

Aunque muchas de las prácticas espirituales de la Cabalá son específicas para mujeres, es importante notar que también pueden ser realizadas de forma compartida, tanto por hombres como por mujeres, con el objetivo de promover un mayor equilibrio y armonía entre las energías masculinas y femeninas.

Ejercicios de meditación conjunta, donde la pareja o los miembros de la comunidad meditan en las energías de las Sefirot femeninas y masculinas, pueden promover un entendimiento más profundo de la interdependencia entre estas fuerzas. El reconocimiento de que tanto lo femenino como lo masculino son necesarios para la creación espiritual y para el equilibrio cósmico es un principio central en la Cabalá, y prácticas que enfatizan esta interconexión son poderosas.

El papel de la mujer en la Cabalá es vasto y multifacético, involucrando tanto el reconocimiento de su conexión natural con las energías femeninas divinas como la práctica de rituales y meditaciones que amplifican esta conexión. Al cultivar su relación con la Shejiná y las Sefirot femeninas, la mujer no solo fortalece su propio viaje espiritual, sino que también contribuye al equilibrio y la armonía en el mundo a su alrededor.

Así, la práctica cabalística no solo reconoce, sino que celebra la importancia de lo femenino como una fuerza creativa, intuitiva y protectora. Ya sea a través de las tradiciones del Shabat, de la inmersión en la Mikve o de las meditaciones en las Sefirot, la mujer es vista como una figura central en la continuidad y en la manifestación de la luz divina en el mundo.

Capítulo 21
El Zohar: El Libro del Esplendor

El Zohar, el Libro del Esplendor, es una de las obras centrales de la Cabalá y del misticismo judío. Escrito en arameo y organizado como un comentario esotérico sobre la Torá, el Zohar presenta una visión profunda de los misterios de la creación, del alma humana y de las interacciones entre los mundos espiritual y material. Es, al mismo tiempo, una fuente de sabiduría y una guía espiritual para aquellos que buscan comprender la relación entre lo divino y el mundo físico.

El origen exacto del Zohar es objeto de discusión entre estudiosos. Tradicionalmente, se cree que fue revelado por el sabio Rabí Shimon bar Yochai en el siglo II EC, pero hay consenso en que el Zohar, como lo conocemos hoy, fue compilado y divulgado por Rabí Moisés de León en el siglo XIII en España. Independientemente de su origen, el Zohar contiene enseñanzas profundas que trascienden el tiempo y continúan inspirando a practicantes de la Cabalá alrededor del mundo.

El Zohar es un texto voluminoso, dividido en diferentes partes y tratados. Abarca diversos temas que varían desde interpretaciones místicas de la Torá hasta descripciones detalladas de los mundos espirituales y de los procesos que gobiernan la creación. Aunque es difícil resumir todo el contenido del Zohar en pocas palabras, algunos de sus temas centrales incluyen:

La Creación: El Zohar explora cómo el mundo físico fue creado a partir de las emanaciones divinas, o Sefirot. Describe el proceso por el cual Dios, a través de diferentes etapas de ocultación y revelación de Su luz, dio origen al universo. El concepto de Ein Sof, la Luz Infinita que precede a toda la creación, es uno de los fundamentos de estas enseñanzas.

El Árbol de la Vida: Uno de los símbolos centrales del Zohar es el Árbol de la Vida, una representación de las diez Sefirot. El Zohar discute cómo estas Sefirot interactúan entre sí, formando una red de fuerzas que gobiernan tanto el mundo espiritual como el material. Cada Sefirá está asociada a un aspecto específico de la manifestación divina, y el estudio del Zohar ayuda a desvelar cómo estas emanaciones funcionan en armonía.

El Hombre y el Alma: El Zohar ofrece una visión detallada del alma humana, explicando cómo está compuesta de diferentes niveles (como Nefesh, Ruach y Neshamá). También describe el viaje del alma a través de las reencarnaciones y su conexión con el universo. La idea de que el alma humana refleja el macrocosmos es central en el Zohar, sugiriendo que cada persona tiene el potencial de participar en el proceso de creación divina.

La Dualidad y la Unidad: El Zohar frecuentemente explora la tensión entre las fuerzas opuestas de luz y oscuridad, bien y mal, masculino y femenino. Estas fuerzas, aunque aparentemente antagónicas, son necesarias para mantener el equilibrio de la creación. El Zohar enseña que, al equilibrar estas energías dentro de sí mismo, el ser humano puede alinearse con la unidad divina y alcanzar una armonía espiritual más elevada.

La Shejiná y la Redención: La Shejiná, la presencia divina femenina, ocupa un lugar central en el Zohar. Es vista como la fuerza que reside en el mundo material, pero también como una entidad que busca reunificarse con su aspecto masculino, representado por las Sefirot superiores. El Zohar habla de la necesidad de corregir la separación entre estas fuerzas como una etapa crucial para la redención del mundo y el restablecimiento de la armonía cósmica.

Estudiar el Zohar requiere no solo un profundo conocimiento de la Torá y de la Cabalá, sino también una disposición espiritual para contemplar sus significados ocultos. El Zohar no es un texto que pueda ser leído de manera lineal o superficial. Al contrario, fue concebido para ser estudiado repetidamente, con nuevas capas de significado siendo reveladas en cada lectura. Por eso, muchas escuelas cabalísticas recomiendan que el estudio del Zohar sea acompañado por un maestro o guía espiritual, alguien que tenga la experiencia necesaria para ayudar a interpretar sus pasajes.

El Zohar utiliza un lenguaje simbólico rico, frecuentemente lleno de metáforas y alegorías que, a primera vista, pueden parecer oscuras. Esto se debe a que el Zohar fue escrito para esconder sus secretos de los no iniciados, reservando sus revelaciones para aquellos que están listos para recibirlas. Muchos de sus textos fueron organizados de forma a estimular una meditación profunda, guiando al estudiante en un viaje interno.

Una de las técnicas más poderosas para el estudio del Zohar es la meditación en sus palabras. Muchos cabalistas creen que la simple lectura o recitación de los textos del Zohar tiene un efecto espiritual, incluso si el significado literal no se comprende completamente. La vibración de las palabras arameas y hebreas, según estas enseñanzas, tiene el poder de influenciar las energías espirituales, creando una conexión directa con los mundos superiores.

El Impacto del Zohar en la Cabalá y en la Espiritualidad Judía

El Zohar desempeñó un papel crucial en el desarrollo de la Cabalá y moldeó profundamente el misticismo judío. Ofreció a los practicantes de la Cabalá una estructura compleja para entender la creación y su relación con Dios, pero también proporcionó un camino espiritual que enfatiza el papel activo del ser humano en la corrección del mundo, el Tikun Olam.

A lo largo de los siglos, el Zohar inspiró a muchas figuras importantes en la historia de la Cabalá, como el rabino Isaac Luria, también conocido como Ari. Las interpretaciones luriánicas del Zohar dieron origen a la Cabalá Luriánica, una escuela de pensamiento que expandió aún más los conceptos presentados en el Zohar, especialmente en lo que respecta al papel del hombre en el proceso de reparación del cosmos.

Además, el Zohar tuvo un impacto profundo en el judaísmo jasídico, que emergió en Europa Oriental en el siglo XVIII. Los maestros jasídicos, como el Baal Shem Tov, usaron el Zohar para enseñar que Dios está presente en todos los aspectos de la vida cotidiana, y que el servicio a Dios no se restringe solo a los momentos de oración o estudio, sino que debe manifestarse en cada acción.

En los días de hoy, el Zohar continúa siendo estudiado por millones de personas alrededor del mundo. El aumento del interés por la espiritualidad y el misticismo en las últimas décadas ha llevado a muchas personas, incluyendo aquellas de fuera del judaísmo, a explorar las enseñanzas del Zohar como una fuente de sabiduría espiritual y autoconocimiento.

Grupos de estudio y academias dedicadas a la Cabalá promueven la lectura e interpretación del Zohar, tanto en hebreo como en traducciones a otras lenguas, permitiendo que el conocimiento contenido en este texto sagrado esté más accesible que nunca. Sin embargo, muchos cabalistas tradicionales aún defienden que el Zohar debe ser estudiado con reverencia y cuidado, dentro del contexto más amplio de la tradición cabalística.

El Zohar es una obra extraordinaria, una verdadera joya del pensamiento místico que trasciende las barreras del tiempo y de la cultura. Ofrece una visión única y transformadora de la relación entre Dios, la creación y el alma humana. Para aquellos que buscan explorar los misterios de la existencia y las profundidades de lo espiritual, el Zohar es tanto un desafío como un tesoro, revelando, capa por capa, los secretos del universo.

Al estudiar el Zohar, el lector es invitado a embarcarse en un viaje espiritual que no solo ilumina el camino del alma, sino que también revela las dimensiones ocultas de la realidad, abriendo una puerta para la verdadera comprensión de lo divino y de nuestro lugar dentro de la creación.

Estudiar el Zohar exige más que un simple entendimiento intelectual; es necesario también un compromiso espiritual profundo. El abordaje del Zohar es multidimensional, y el estudio de sus textos involucra la apertura de la mente y del corazón para captar sus revelaciones. La tradición cabalística enseña que hay maneras específicas de acceder a los secretos del Zohar, cada una de ellas destinada a guiar al estudiante en dirección a la iluminación espiritual y a la comunión con lo divino.

Lectura Meditativa del Zohar

Uno de los primeros pasos para estudiar el Zohar de forma práctica es aprender a realizar la lectura meditativa, un método que combina la recitación de los textos con la concentración espiritual. Esta práctica involucra no solo leer las palabras, sino permitir que ellas penetren en la mente y en el alma, activando energías espirituales profundas.

Cabalistas sugieren que la lectura del Zohar puede ser hecha en voz alta, con entonación cuidadosa, prestando atención a la sonoridad de las palabras arameas. La lengua del Zohar carga, en sí misma, un poder místico; las palabras, incluso cuando no son completamente comprendidas, tienen la capacidad de elevar la conciencia. La recitación es acompañada de una intención (kavaná), una dirección de la mente para conectarse con la luz divina.

La práctica meditativa no exige la comprensión literal de cada pasaje, sino la inmersión en la vibración espiritual que los textos proporcionan. Algunas secciones son estudiadas por su efecto directo sobre el estado de espíritu del lector, mientras que otras, más complejas, demandan la orientación de un maestro experimentado. Estudiantes son alentados a leer el Zohar en momentos de silencio o después de la oración, permitiendo que su sabiduría impregne sus reflexiones.

Estudiar el Zohar en grupo es una tradición importante en el misticismo cabalístico. Reunirse con otros estudiantes crea una atmósfera espiritual que facilita la apertura de los canales de entendimiento profundo. En los círculos de estudio cabalístico, la lectura en conjunto potencia la energía espiritual del Zohar, ayudando a cada individuo a acceder a sus revelaciones de forma más eficaz.

Durante los encuentros, cada participante puede compartir insights, experiencias y preguntas, promoviendo un ambiente de aprendizaje colectivo. Esto está de acuerdo con la idea de que el Zohar, siendo una obra mística, fue proyectado para ser explorado de manera comunitaria, permitiendo que diferentes perspectivas y niveles de comprensión contribuyan para la construcción de una visión más completa.

Además, las sesiones de estudio en grupo generalmente incluyen discusiones sobre cómo aplicar los principios cabalísticos aprendidos en las lecturas a la vida práctica. Como el Zohar trata de temas como la corrección personal y la elevación del alma, las interacciones entre los estudiantes muchas veces traen insights prácticos sobre cómo transformar estas lecciones en acciones diarias.

Algunas partes del Zohar son particularmente poderosas para la meditación y prácticas espirituales enfocadas en la curación, protección o elevación del alma. A continuación, se presentan algunas de las secciones recomendadas para el estudio meditativo, junto con sus respectivas aplicaciones.

Introducción al Zohar (Hakdamat Zohar) – Esta sección inicial ofrece una visión general de la estructura del universo espiritual y de las energías que moldean el mundo. La meditación sobre este texto es indicada para quien busca una visión amplia del propósito de la creación y de su propio papel en la jornada espiritual.

El Idra Rabá – Uno de los textos más profundos y esotéricos del Zohar, describe la revelación divina en un contexto de intensa espiritualidad. El estudio del Idra Rabá es sugerido para aquellos que ya poseen una cierta base de estudio cabalístico y están listos para penetrar en misterios más profundos sobre la creación y la manifestación de la luz divina.

El Idra Zuta – Este texto se concentra en el misterio de la muerte y de la redención, explorando la transición del alma del mundo físico al espiritual. Meditar en esta sección puede traer una mayor comprensión de la impermanencia y del proceso de ascensión espiritual después de la muerte.

Los Tikunim – La meditación sobre los Tikunim, o correcciones, descritas en el Zohar, es una práctica poderosa para quien busca transformación personal y espiritual. Estas secciones tratan de la necesidad de corregir los desequilibrios en las Sefirot y alinearse con la armonía divina.

El Cantar de los Cantares en el Zohar – El Zohar ofrece una interpretación mística de este texto bíblico, revelando los secretos de la unión entre el alma y Dios. Meditar sobre el Cantar de los Cantares en el contexto del Zohar es una práctica espiritual para quien desea profundizar su conexión con lo divino a través del amor y de la devoción.

La Kavaná, o intención, es uno de los aspectos más esenciales al estudiar y practicar el Zohar. Se refiere a la calidad de la atención y del propósito espiritual que el practicante trae al estudio. Más que una simple actitud mental, la kavaná es una forma de concentrar la mente y el corazón en dirección a la meta espiritual deseada.

Al estudiar el Zohar, la kavaná puede variar conforme al objetivo de la meditación. Por ejemplo, si el practicante busca sabiduría sobre la creación del universo, la kavaná puede ser dirigida para la contemplación de la Ein Sof (la Luz Infinita) y de las emanaciones de las Sefirot. Para aquellos que buscan curación o protección espiritual, la kavaná puede ser ajustada para la recepción de las bendiciones divinas que fluyen a través de las palabras del Zohar.

Se dice que, sin la kavaná adecuada, el estudio del Zohar pierde parte de su eficacia espiritual. Por lo tanto, los practicantes son alentados a alinear sus pensamientos y deseos con las metas espirituales descritas en los textos, creando un puente entre el mundo físico y las realidades espirituales más elevadas.

Aunque es posible explorar el Zohar de manera individual, la tradición cabalística enfatiza la importancia de estudiar con un maestro experimentado. Esto se debe a que los textos del Zohar son complejos y muchas veces enigmáticos, conteniendo capas de significado que no siempre son evidentes para el lector iniciante.

El papel de un profesor es guiar al estudiante a través de las interpretaciones más profundas del texto, ayudando a revelar los secretos ocultos y a aplicar las enseñanzas de manera práctica y relevante. Un maestro de Cabalá puede proporcionar explicaciones detalladas sobre los pasajes más desafiantes, y también orientar a los alumnos en la práctica de la meditación y de la kavaná.

En las tradiciones cabalísticas antiguas, el estudio del Zohar era frecuentemente reservado para estudiantes más avanzados, aquellos que ya habían dominado otras áreas del conocimiento místico. Esto garantizaba que los practicantes estuvieran espiritualmente preparados para lidiar con los insights poderosos y, a veces, desafiantes contenidos en el Zohar. Aunque hoy el Zohar es más ampliamente accesible, el valor de la orientación de un maestro continúa siendo inestimable.

En los tiempos modernos, el Zohar continúa siendo una fuente de inspiración y transformación para aquellos que buscan un camino espiritual profundo. El estudio del Zohar no es solo un ejercicio académico; es un compromiso con la evolución espiritual. A medida que el mundo enfrenta desafíos de naturaleza material y espiritual, el Zohar ofrece respuestas que hablan directamente a la esencia de la existencia humana y al papel de la humanidad en el Tikun Olam, la corrección del mundo.

Con el crecimiento del interés global en la espiritualidad y en el misticismo, el Zohar ha sido traducido y diseminado en varias lenguas, haciendo sus enseñanzas accesibles a personas de diferentes orígenes. Sin embargo, incluso con esta amplia divulgación, las enseñanzas del Zohar mantienen su carácter esotérico, revelándose verdaderamente solo a aquellos que están preparados para recibirlas.

La práctica del estudio del Zohar es una jornada continua de autodescubrimiento y elevación espiritual. El lector, al sumergirse en los textos del Zohar, no solo adquiere conocimiento, sino que también se transforma. La sabiduría contenida en este libro es una puerta de entrada para los misterios de la creación y del alma, una invitación para participar del proceso continuo de corrección y renovación que permea toda la existencia.

Capítulo 22
Cabalá y la Prosperidad Material

La relación entre espiritualidad y prosperidad material es una cuestión antigua y fundamental dentro de la Cabalá. Al contrario de lo que se pueda imaginar, la Cabalá no ve el mundo material como algo a ser rechazado o separado de la búsqueda espiritual. Por el contrario, enseña que el equilibrio entre lo material y lo espiritual es esencial para la realización del propósito de la vida y para el cumplimiento de la misión divina de cada ser humano.

La Cabalá reconoce que el mundo material es una expresión de la divinidad y, por lo tanto, la prosperidad material no solo es permitida, sino también alentada, siempre que esté alineada con valores espirituales elevados. El desafío no es poseer bienes materiales, sino asegurar que esos bienes estén al servicio del propósito espiritual.

En la visión cabalística, el concepto de prosperidad está enraizado en la idea de que Dios creó el mundo para ser abundante y pleno. La prosperidad material es una forma de manifestar la abundancia divina en el mundo físico. Sin embargo, esta abundancia no debe confundirse con la acumulación egoísta de riqueza. El propósito de la prosperidad, según la Cabalá, es permitir que las personas cumplan sus misiones espirituales con mayor eficacia y contribuyan al Tikún Olam, la corrección del mundo.

La prosperidad, entonces, es vista como una herramienta que puede ser usada para construir un mundo más justo y equilibrado. Cuando la riqueza es generada y utilizada de manera ética y consciente, se convierte en una bendición, ayudando a elevar el mundo físico a su potencial espiritual. En este contexto, el verdadero éxito no se mide por la cantidad de bienes materiales que se poseen, sino por el impacto positivo que esos recursos tienen en la vida del individuo y en la comunidad.

La Cabalá enseña que las energías divinas, manifestadas en las Sefirot, también desempeñan un papel importante en la manera como la prosperidad material es comprendida y experimentada. Cada Sefirá, o emanación divina, carga una cualidad particular que puede influenciar la forma como interactuamos con la riqueza y los recursos materiales.

Chessed (Bondad): La Sefirá de Chessed está asociada a la generosidad y al flujo abundante de bendiciones. Ella representa la apertura y la disposición de compartir, demostrando que la verdadera prosperidad implica dar a los otros y participar del flujo de abundancia divina.

Gevurá (Fuerza): Gevurá, por otro lado, simboliza la restricción y el autocontrol. Ella nos enseña que la prosperidad material debe ser equilibrada con responsabilidad y disciplina. La capacidad de administrar los recursos materiales con sabiduría es fundamental para garantizar que la riqueza no sea un obstáculo al crecimiento espiritual.

Tiferet (Belleza): Tiferet es la Sefirá que equilibra Chessed y Gevurá. Ella representa armonía y equilibrio entre el dar y el recibir. En el contexto de la prosperidad material, Tiferet nos recuerda que es importante encontrar un punto medio, donde la generosidad sea equilibrada por la gestión cuidadosa de los recursos.

Estas tres Sefirot — Chessed, Gevurá y Tiferet — proporcionan una base sólida para la comprensión cabalística de la prosperidad. Ellas nos enseñan que la riqueza, cuando es equilibrada por bondad, autocontrol y armonía, puede ser una herramienta poderosa para la transformación personal y social.

La Cabalá enfatiza el papel del libre albedrío en la manera como interactuamos con el mundo material. Somos constantemente confrontados con elecciones que involucran la manera como lidiamos con el dinero y los bienes materiales. Estas elecciones reflejan nuestro nivel de conciencia espiritual. El dinero, siendo una forma de energía, puede ser canalizado para el bien o para el egoísmo, y esa elección corresponde a cada individuo.

El libre albedrío es fundamental para la comprensión cabalística de la prosperidad. La riqueza puede ser tanto una bendición como una maldición, dependiendo de cómo es utilizada. Si alguien busca riqueza exclusivamente por razones egoístas, la acumulación de bienes materiales puede convertirse en una prisión espiritual. Por otro lado, si la prosperidad es buscada con la intención de promover el bienestar y el progreso espiritual, ella se convierte en una fuerza poderosa para el bien.

Esta distinción es vital, pues refleja la visión de la Cabalá de que el propósito de la vida no es simplemente acumular riquezas, sino usarlas de forma que contribuya al bien mayor. El libre albedrío nos da el poder de elegir qué hacer con los recursos que recibimos, y es esa elección la que define nuestro camino espiritual.

Otro punto central en el abordaje cabalístico de la prosperidad es la idea de que el trabajo es una forma de expresión espiritual. El trabajo, en la Cabalá, no es solo una manera de ganar la vida; es una oportunidad de participar del acto continuo de la creación. Al trabajar con integridad y con un propósito elevado, el individuo se alinea con el flujo divino de energía creativa.

El Zohar, uno de los textos centrales de la Cabalá, enseña que la fuerza vital de cada persona es canalizada para el trabajo que ella realiza. Por lo tanto, el trabajo no debe ser visto como una obligación o una carga, sino como una forma de traer luz al mundo. Cuando el trabajo es hecho con la intención correcta — para el beneficio del alma y del mundo — él se transforma en una práctica espiritual en sí.

El concepto cabalístico de Avodá, que significa tanto "trabajo" como "servicio", refleja esta idea. El trabajo es una forma de servir a Dios, contribuyendo para la elevación del mundo material. Esto incluye tanto el trabajo profesional como el trabajo interior de automejora y corrección personal.

Uno de los principios más importantes de la Cabalá en relación a la prosperidad es el concepto de

Tzedaká, que significa caridad, pero también justicia. En la visión cabalística, la riqueza trae consigo la responsabilidad de compartir y ayudar a aquellos que están en necesidad. El acto de dar a los otros no es solo una elección moral, pero una práctica espiritual fundamental.

La Tzedaká es vista como un medio poderoso de elevar el alma y transformar la energía material en espiritualidad. Al dar a los otros, el individuo participa del flujo divino de bendiciones, abriéndose para recibir más a cambio. Esto no debe ser visto como un intercambio materialista, sino como una reciprocidad espiritual: al compartir la prosperidad, el individuo se alinea con el principio universal de que la abundancia debe circular.

Además, la práctica de la Tzedaká es uno de los métodos más directos para corregir la conciencia egoísta que puede acompañar la acumulación de riqueza. Al dar, el individuo aleja el apego al materialismo y refuerza la idea de que la verdadera prosperidad es medida por el impacto positivo que se tiene en el mundo.

La Cabalá enseña que el verdadero secreto de la prosperidad material está en el desapego. Paradójicamente, cuanto menos estamos apegados a la riqueza material, más abiertos estamos para recibir las bendiciones de la abundancia divina. El apego excesivo a los bienes materiales puede crear bloqueos espirituales, alejando a la persona de la verdadera fuente de abundancia, que es la luz divina.

El desapego, en la Cabalá, no significa renunciar a los bienes materiales, sino entender que ellos son temporales y que su valor real está en cómo son usados para promover el bien. La prosperidad material debe ser vista como una herramienta para la realización espiritual, y no como un fin en sí misma. Al practicar el desapego, el individuo se abre para el flujo de la abundancia y aprende a vivir en armonía con las leyes espirituales del universo.

La prosperidad material, según la Cabalá, no es solo sobre riqueza física, sino sobre cómo esa riqueza es obtenida, administrada y utilizada. Ella es una manifestación del equilibrio entre lo espiritual y lo material, un reflejo del libre albedrío y una oportunidad para practicar el servicio divino por medio del trabajo y de la caridad. El verdadero propósito de la riqueza, en la Cabalá, es contribuir para el bien mayor, promoviendo el Tikún Olam y alineándose con la luz divina.

En la segunda parte de la discusión sobre la prosperidad material dentro de la Cabalá, es esencial profundizar cómo estas enseñanzas pueden ser aplicadas en la vida práctica del individuo. Lo que la Cabalá ofrece no es solo una visión filosófica o teológica, sino un conjunto de orientaciones prácticas para que el ser humano pueda armonizar su relación con la riqueza y utilizarla como una herramienta de crecimiento espiritual.

El concepto de Kavaná, o intención, es central en todas las prácticas cabalísticas, y en la cuestión de la prosperidad material no es diferente. En la Cabalá, la intención con la cual un acto es realizado es tan importante como el acto en sí. Cuando una persona busca prosperidad material, la pregunta que debe hacerse a sí misma es: "¿Por qué estoy buscando esta riqueza? ¿Cómo ella me ayudará a servir a un propósito mayor?"

Para alinearse con la prosperidad espiritual, es importante definir una intención clara y elevada para el uso de los recursos materiales. Al trabajar, emprender o buscar oportunidades financieras, la Kavaná debe ser no solo el beneficio personal, sino cómo esa prosperidad puede ser utilizada para el bien mayor. La Cabalá enseña que, cuando se tiene una intención de servir al universo y contribuir para el Tikún Olam, el flujo de bendiciones financieras tiende a abrirse de manera más natural y abundante.

La Cabalá ofrece prácticas meditativas que pueden ayudar a alinear la mente con la abundancia divina y remover los bloqueos que impiden el flujo de la prosperidad. Una de esas meditaciones involucra el uso de las Sefirot, las emanaciones divinas que sirven como canales de energía entre el mundo espiritual y el material. Meditar sobre las Sefirot puede ayudar a cultivar una mentalidad de abundancia, focando en el equilibrio y en la armonía.

Una de las meditaciones más poderosas para la prosperidad material involucra la Sefirá de Tiferet, que representa la armonía y el equilibrio entre el dar y el recibir. Para practicar esta meditación, el lector puede imaginar la energía de Tiferet como una luz dorada que desciende del plano superior para el corazón, irradiando armonía entre sus necesidades materiales y su propósito espiritual. Mientras respira profundamente, visualice esa luz fluyendo para todas las áreas de su vida que están relacionadas a la prosperidad — trabajo, finanzas, proyectos personales. La intención aquí es cultivar una conciencia de que la prosperidad no es algo separado de lo espiritual, sino una expresión armónica del mismo flujo divino.

Esta práctica de visualización puede ser acompañada por una oración cabalística simple: "Que mi prosperidad sea un reflejo de la armonía entre mi espíritu y mis acciones en el mundo." Repetida regularmente, esta meditación ayuda a alinear la conciencia con el propósito superior de la abundancia.

El trabajo es otro aspecto fundamental en la manifestación de la prosperidad material. Conforme discutido anteriormente, la Cabalá ve el trabajo como una forma de Avodá, o servicio divino. Para transformar el trabajo en una práctica espiritual, es crucial cultivar una mentalidad de propósito y presencia.

La práctica cabalística incentiva que, antes de iniciar cualquier trabajo, el individuo haga una breve pausa para conectarse con la intención espiritual de lo que está a punto de realizar. Esto puede ser hecho con una oración silenciosa o una reflexión, pidiendo que el trabajo que será realizado traiga beneficios no solo para el trabajador, sino para aquellos que serán impactados por los resultados de ese trabajo. Al adoptar esta práctica diaria, el lector puede comenzar a transformar su rutina de trabajo en una actividad espiritualmente significativa, y no solo un medio para alcanzar riqueza.

La Cabalá enseña que la riqueza material debe ser utilizada de forma consciente y ética. Una de las prácticas fundamentales para garantizar que la prosperidad sea usada correctamente es el diezmo, o Maasser. En la tradición cabalística, el Maasser es la práctica de donar un porcentaje de las ganancias (generalmente 10%) para fines de caridad o para ayudar a los menos afortunados.

Esta práctica no es solo un acto de caridad, sino también una forma de purificar la riqueza material. El dinero, siendo una forma de energía, puede cargar consigo energías negativas, especialmente cuando obtenido de maneras desequilibradas. Al dar una parte de esa riqueza para el bien de otros, la persona "purifica" el restante, tornándolo más propenso a traer bendiciones y abundancia. La práctica del Maasser también refuerza el desapego y el entendimiento de que la prosperidad no es un fin en sí, sino una herramienta para servir a los otros.

Además, el acto de dar ayuda a quebrar el ciclo de apego al materialismo, creando un espacio para que más bendiciones fluyan. La Cabalá enseña que, al dar generosamente, la persona se abre para recibir más, pues se alinea con el flujo divino de abundancia.

Otro aspecto importante en la búsqueda por la prosperidad material es la protección espiritual. Muchas veces, al buscar éxito material, las personas pueden exponerse a influencias negativas — tanto externas como internas, como el orgullo, la ganancia y la tentación de perjudicar a los otros para alcanzar sus objetivos.

La Cabalá ofrece varias prácticas para proteger el espíritu durante esa jornada. Una de ellas es el uso de los Nombres Divinos en meditación y oración. Por ejemplo, el Tetragrámaton YHVH, que representa la esencia de lo divino, puede ser entonado o visualizado en momentos de duda o tentación. Visualizar el nombre divino envolviendo el cuerpo en luz, protegiéndolo de energías negativas y manteniendo la mente clara y focada, es una práctica simple pero poderosa.

Además, la práctica de Hakarat HaTov — el reconocimiento de la bondad — es una manera de proteger el alma contra los peligros de la insatisfacción y del deseo insaciable. Al reconocer y agradecer por las bendiciones ya recibidas, el individuo se mantiene anclado en el presente, evitando la trampa de buscar siempre más sin propósito. La gratitud activa la energía positiva y protege contra los aspectos destructivos de la ganancia y del materialismo.

A veces, a pesar de las mejores intenciones, las personas pueden sentir que hay bloqueos en su flujo de prosperidad. La Cabalá reconoce que el flujo de energía puede ser interrumpido por bloqueos espirituales y emocionales, como creencias limitantes sobre dinero, miedo de la escasez o culpa en relación a la riqueza.

Una manera práctica de lidiar con esos bloqueos es la práctica de Heshbon HaNefesh, el balance espiritual. Esto involucra una autoevaluación regular, donde el individuo reflexiona sobre sus actitudes en relación a la prosperidad, identificando miedos, creencias limitantes o comportamientos autosaboteadores. Preguntas como "¿Estoy usando mis recursos de manera equilibrada?", "¿Tengo miedo de no tener lo suficiente?" o "¿Cómo puedo usar mi riqueza para servir al mundo?" son esenciales para realinear el flujo energético.

Después de identificar los bloqueos, prácticas de purificación como el uso de la Mikvé, el baño ritual cabalístico, pueden ser incorporadas para limpiar la energía estancada y reabrir los canales de abundancia. Estas prácticas refuerzan la idea de que la prosperidad es un reflejo del estado interno, y que limpiar y alinear el alma es fundamental para atrae prosperidad material.

Por último, la oración desempeña un papel vital en la manifestación de la prosperidad material. En la Cabalá, oraciones específicas, como aquellas encontradas en el Libro de los Salmos, son usadas para invocar la abundancia y la protección divina sobre las finanzas. Uno de los Salmos más utilizados para este fin es el Salmo 23, que habla de la confianza en la providencia divina: "El Señor es mi pastor, nada me faltará."

La práctica diaria de oraciones de gratitud y pedidos de orientación divina sobre las finanzas ayuda a mantener la mente conectada con el propósito superior de la prosperidad, evitando que la búsqueda por riqueza se convierta en una trampa para el ego. Estas oraciones pueden ser hechas en momentos de incertidumbre financiera, o simplemente como una forma de mantener la gratitud constante por la prosperidad ya alcanzada.

La prosperidad material, cuando alineada con la espiritualidad, se torna una fuerza transformadora, tanto para el individuo como para el mundo a su alrededor. La Cabalá nos enseña que la verdadera riqueza no está solo en la posesión de bienes materiales, sino en el uso sabio y ético de esos recursos para servir a un propósito mayor. Al aplicar las prácticas cabalísticas — desde meditaciones hasta el diezmo, pasando por la gratitud y oración — el lector puede transformar su relación con la prosperidad, atrayéndola de forma equilibrada y armoniosa.

Capítulo 23
Los 72 Nombres de Dios

En la Cabalá, los 72 Nombres de Dios forman una secuencia sagrada de letras, cada una conteniendo poderosas energías espirituales que pueden ser accedidas para transformación, protección y elevación. Estos Nombres no son nombres en el sentido tradicional, sino combinaciones de tres letras hebreas extraídas de un pasaje específico de la Torá. Representan diferentes aspectos de la divinidad, y cada Nombre refleja una energía específica que puede ser invocada por medio de meditaciones, oraciones y prácticas cabalísticas.

El origen de los 72 Nombres de Dios se remonta a un episodio en la Torá, cuando Moisés y el pueblo de Israel estaban delante del Mar Rojo. La tradición cabalística enseña que tres versos consecutivos del Libro del Éxodo (14:19-21), compuestos por 72 letras cada uno, proporcionan el código para estos nombres sagrados. Cuando se organizan en combinaciones de tres letras, estas secuencias forman las 72 expresiones de poder divino, que pueden ser utilizadas para acceder a diferentes tipos de energía espiritual.

Los 72 Nombres de Dios no deben ser vistos solo como palabras místicas o conceptos abstractos. Cada una de estas combinaciones representa una llave para acceder a realidades espirituales más elevadas y energías que pueden influenciar directamente el mundo físico y el alma humana. Los cabalistas enseñan que, detrás de cada Nombre, existe un portal que conecta al buscador con la esencia divina, permitiendo la invocación de bendiciones, protección y cura.

Cada una de las 72 combinaciones está compuesta de tres letras hebreas que se corresponden a un aspecto específico de la creación y de la divinidad. Estos nombres son usados en prácticas espirituales cabalísticas como una forma de canalizar estas energías de manera práctica y directa. Diferentes nombres pueden ser usados para diferentes propósitos, como cura física, protección contra influencias negativas, aumentar la intuición espiritual o superar desafíos.

El aspecto más poderoso de los 72 Nombres de Dios es su capacidad de conectar al practicante directamente con la energía pura de la creación. Al meditar sobre estas combinaciones, el lector puede desbloquear nuevas realidades y transformaciones internas que impactan positivamente su ambiente externo.

La práctica de los 72 Nombres de Dios involucra meditación y visualización. El practicante se concentra en la secuencia de letras hebreas, muchas veces imaginándolas en su mente o visualizándolas como si estuviesen brillando con luz divina. El objetivo es conectarse con la energía asociada al nombre específico, permitiendo que su fuerza entre en la vida del practicante.

Los cabalistas enseñan que cada uno de los 72 Nombres actúa como una especie de "herramienta espiritual" que puede ser utilizada para alcanzar un objetivo particular. Estos objetivos pueden variar desde el fortalecimiento espiritual, protección contra energías negativas, hasta la cura física y emocional.

Por ejemplo, el Nombre Aleph-Lamed-Dalet (ALD) está asociado a la protección contra el mal y energías negativas. Visualizar estas tres letras mientras se medita puede ayudar a crear un escudo protector alrededor de la persona, alejando influencias destructivas. Por otro lado, el Nombre Mem-He-Shin (MHS) es usado para cura y restauración. Al enfocar en esta combinación durante la meditación, el practicante puede canalizar energía curativa para sí mismo o para otras personas.

El poder de los 72 Nombres de Dios puede ser aplicado en diversas áreas de la vida. Desde cuestiones prácticas, como tomar decisiones importantes, hasta dilemas espirituales, la práctica con estos nombres ofrece una manera directa de acceder al soporte espiritual. Cada Nombre corresponde a una necesidad o desafío específico y puede ser utilizado para enfrentar situaciones variadas. A continuación, se presentan algunas maneras de aplicar los 72 Nombres en el cotidiano:

Protección Espiritual: Muchos de los Nombres son utilizados para crear una barrera protectora contra fuerzas negativas. Meditar con los Nombres de protección antes de una reunión importante o en momentos de incertidumbre puede traer más claridad y seguridad. El Nombre Samech-Aleph-Lamed (SAL) es particularmente eficaz para protección contra la negatividad y envidia.

Cura: Nombres como Mem-He-Shin (MHS) son usados en prácticas de cura. Estas meditaciones pueden ser direccionadas a una parte específica del cuerpo o al campo energético como un todo, ayudando a restaurar el equilibrio físico y emocional. La cura no está limitada solo al cuerpo físico; ella puede ser aplicada a la cura emocional y espiritual, ayudando a liberar bloqueos o traumas.

Superación de Desafíos: Cuando se enfrentan dificultades, el Nombre Aleph-Kaf-Aleph (AKA) puede ser invocado para superar obstáculos y encontrar fuerza en tiempos de adversidad. La visualización de este Nombre durante la meditación ayuda al practicante a acceder a coraje y resiliencia.

Sabiduría y Claridad Espiritual: Para aquellos que buscan respuestas o mayor comprensión espiritual, el Nombre Yod-Lamed-Yod (YLY) es una herramienta valiosa. Él ayuda a abrir la mente para la sabiduría y claridad en situaciones que parecen confusas u oscuras.

Equilibrio Emocional: Si el practicante siente que sus emociones están desequilibradas o que está preso en ciclos de ansiedad o estrés, el Nombre Hey-Hey-Ayin (HHA) puede ser útil. Este Nombre promueve serenidad y armonía, ayudando a alinear las emociones con el alma.

Visualizar los 72 Nombres de Dios durante la meditación es una técnica fundamental en la Cabalá. La visualización involucra concentrarse en las letras hebreas y verlas no solo como símbolos estáticos, sino como portales de luz viva, irradiando energía divina. Esta práctica debe ser acompañada de respiraciones profundas y una intención clara. La intención es lo que direcciona la energía de los Nombres, permitiendo que ellos trabajen de manera eficaz en la vida del practicante.

Para comenzar una meditación con los 72 Nombres, el lector puede seguir los siguientes pasos:

Siéntese en un lugar tranquilo y cierre los ojos.

Respire profundamente algunas veces, calmando su mente y cuerpo.

Visualice las tres letras del Nombre escogido como si estuviesen escritas en luz dorada o blanca frente a usted.

Concéntrese en la energía asociada a esas letras. Imagine que la luz de las letras entra en su cuerpo, llenándolo de energía divina.

Mantenga el foco en ese Nombre durante algunos minutos, repitiendo mentalmente o visualizando las letras mientras respira profundamente.

Al terminar, agradezca por cualquier insight o energía recibida.

Conexión Con lo Divino a Través de los Nombres

Los 72 Nombres de Dios también sirven como un medio de profundizar la conexión con lo divino. Cada Nombre es como un "hilo" que nos conecta directamente con la Fuente de la Creación. Cuando meditamos sobre estos Nombres, estamos activando la conexión entre nuestra alma y el plano espiritual superior. Es una práctica que va más allá de la mera recitación o visualización — es una forma de elevación espiritual, en la cual nos volvemos conscientes de nuestra propia divinidad y del poder creativo que habita en nosotros.

Los cabalistas enseñan que, al usar los 72 Nombres de Dios, nos aproximamos al estado original de unidad con el Creador. Cada práctica nos lleva a un paso más cerca del estado de Tiferet — el equilibrio y la armonía entre el cuerpo, la mente y el espíritu.

Los 72 Nombres de Dios son uno de los secretos más profundos de la Cabalá, proporcionando al practicante acceso directo a energías espirituales poderosas que pueden ser usadas para transformación personal, protección y cura. Estos Nombres no son solo letras, sino llaves para acceder a portales espirituales que nos conectan con la Fuente. Al integrar estos Nombres en prácticas diarias, el lector puede experimentar un cambio profundo en la manera como interactúa con el mundo y con su propio espíritu. La próxima parte de este estudio profundizará en las prácticas específicas de meditación y activación de los Nombres, permitiendo que el lector aplique estas enseñanzas en su vida de forma aún más eficaz.

Ahora que la introducción a los 72 Nombres de Dios fue hecha y sus significados fundamentales fueron presentados, es hora de profundizar el uso práctico de estos Nombres. La Cabalá enseña que el verdadero poder de los 72 Nombres es accedido por medio de prácticas espirituales específicas. Estos ejercicios involucran la meditación, la repetición y la visualización de los Nombres, siempre con la intención clara de traer sus energías para diferentes áreas de la vida.

Una de las maneras más eficaces de conectarse con los 72 Nombres de Dios es a través de la meditación. La práctica meditativa permite al practicante alinear su consciencia con las energías de los Nombres y absorber sus vibraciones espirituales. Como cada Nombre es una combinación de tres letras hebreas, la meditación involucra concentrarse profundamente en esas letras y permitir que sus energías sean integradas en el cuerpo, mente y espíritu.

Una meditación básica puede ser hecha de la siguiente manera:

Escoja un Nombre: Determine cuál Nombre usted desea trabajar, de acuerdo con su necesidad espiritual en el momento. Puede ser para protección, cura, claridad mental o cualquier otro propósito que usted necesite.

Encuentre un lugar tranquilo: Siéntese en un lugar calmo y libre de distracciones. La postura erguida ayuda a mantener la mente alerta y el cuerpo relajado.

Respire profundamente: Comience con algunas respiraciones profundas. Esto ayuda a calmar la mente y preparar el cuerpo para la meditación. Al expirar, imagínese liberando cualesquiera tensiones o preocupaciones.

Visualice el Nombre: Imagine las tres letras hebreas del Nombre flotando frente a usted. Ellas pueden aparecer brillando en luz blanca, dorada o azul, dependiendo de cómo usted se sienta más conectado. Enfoque su atención completamente en esas letras.

Intención e invocación: Al visualizar el Nombre, mentalice la intención por la cual usted está meditando. Por ejemplo, si usted está buscando cura, imagine que la energía curativa de las letras está siendo absorbida por su cuerpo, purificando y restaurando su equilibrio.

Repita el Nombre: En silencio o susurrando, repita el Nombre varias veces, sincronizando su respiración con las letras. Esto ayuda a amplificar la conexión y a energizar su campo espiritual.

Cierre: Después de algunos minutos, respire profundamente una vez más y deje la imagen de las letras lentamente desvanecerse. Agradezca por la energía y sabiduría recibidas durante la práctica.

Esa meditación simple puede ser realizada diariamente o siempre que el practicante sienta necesidad de acceder a las energías de los Nombres.

La fuerza de los 72 Nombres de Dios se manifiesta en diversas áreas de la vida, y cada Nombre tiene una aplicación específica. A continuación, veremos cómo usar algunos de esos Nombres en situaciones prácticas del día a día:

Cura: El Nombre Mem-He-Shin (MHS) es ampliamente utilizado para curas, sean ellas físicas o emocionales. Al meditar en este Nombre, visualice las tres letras brillando sobre el área que necesita de cura, sea una parte específica del cuerpo o un aspecto emocional que está en desequilibrio. La luz emanada de las letras llena su cuerpo con energía curativa, restaurando la armonía interna.

Protección: Para protegerse de energías negativas o influencias externas, el Nombre Samech-Aleph-

Lamed (SAL) es una poderosa herramienta espiritual. Este Nombre crea un campo de energía protectora a su alrededor, como un escudo invisible que impide que cualquier negatividad penetre en su aura. Al visualizarlo, imagine una esfera de luz a su alrededor, llena de la energía protectora emanada de las letras.

Superación de Desafíos: Cuando la vida presenta obstáculos que parecen intransponibles, el Nombre Aleph-Kaf-Aleph (AKA) puede proveer la fuerza espiritual necesaria para superarlos. Medite sobre este Nombre mientras visualiza los desafíos que está enfrentando. Las letras proveen la energía de persistencia y coraje, permitiendo que usted vea nuevos caminos o soluciones que antes parecían invisibles.

Sabiduría y Claridad Espiritual: Para aquellos que buscan orientación divina o mayor claridad en sus decisiones, el Nombre Yod-Lamed-Yod (YLY) es utilizado para abrir canales de sabiduría espiritual. Visualice este Nombre mientras reflexiona sobre una situación en que necesita de orientación. Él puede traer insights y permitir que usted vea la situación desde una perspectiva más elevada e iluminada.

Aumento de la Intuición: El Nombre Nun-Yod-Tav (NYT) es usado para aumentar la intuición y fortalecer la conexión con su yo interior. Ese Nombre ayuda a abrir los canales de la percepción espiritual, permitiendo que usted oiga con más claridad la "voz interior" y tome decisiones intuitivas que estén alineadas con su propósito superior.

Además de la meditación, los 72 Nombres de Dios también son utilizados en oraciones y mantras cabalísticos. La repetición de estos Nombres, junto con una oración o mantra específico, puede amplificar el poder de la invocación. Al rezar con los Nombres, es importante enfocarse en la intención y en el significado detrás de cada una de las letras.

Un ejemplo práctico es la repetición del Nombre Aleph-Lamed-Dalet (ALD) para alejar el mal. Esta oración puede ser usada en momentos de miedo, incertidumbre o cuando se siente la presencia de fuerzas negativas alrededor. La repetición del Nombre puede ser hecha en voz alta o mentalmente, siempre con la visualización de las letras mientras se repite el mantra. La oración puede ser simple, como:

"Que el Nombre sagrado Aleph-Lamed-Dalet me proteja y me mantenga seguro, alejando cualquier mal o influencia negativa que pueda estar presente a mi alrededor."

Para practicantes más experimentados, una técnica avanzada de visualización con los 72 Nombres involucra la creación de un campo energético alrededor de todo el cuerpo. Esta práctica ayuda a integrar completamente la energía de los Nombres en el campo áurico del practicante, fortaleciendo su conexión espiritual y expandiendo su campo de protección.

Aquí está una práctica de visualización avanzada:

Creación del Círculo de Luz: Imagine que está sentado dentro de un círculo de luz dorada. Ese círculo es hecho de las energías de los 72 Nombres. Cada una de las letras brilla intensamente, formando una barrera de luz a su alrededor.

Visualización del Cuerpo de Luz: A medida que usted continúa visualizando el círculo de luz, comience a ver su cuerpo llenándose con esa luz divina. Cada célula de su cuerpo comienza a brillar con la energía de los 72 Nombres.

Expansión de la Energía: Imagine ahora que la luz de los Nombres comienza a expandirse más allá de su cuerpo, alcanzando todo a su alrededor — el espacio en que usted está, las personas a su alrededor e incluso el ambiente externo. Ese campo de luz actúa como una bendición, irradiando energía de cura, protección y armonía para todos los seres.

Integración y Agradecimiento: Al final de la visualización, sienta la luz comenzar a retornar para dentro de usted, integrándose completamente en su alma. Agradezca por esa experiencia espiritual y por el poder de los Nombres en su vida.

Como en todas las prácticas espirituales, la consistencia es fundamental. La energía de los 72 Nombres de Dios es más eficaz cuando invocada regularmente. Se puede escoger un Nombre para trabajar diariamente, dedicando tiempo a la meditación y a la repetición de ese Nombre a lo largo del día. La regularidad fortalece la conexión con las energías divinas y aumenta la capacidad del practicante de acceder a sus bendiciones y poderes.

Sea en la búsqueda por cura, protección, sabiduría o transformación personal, los 72 Nombres de Dios ofrecen una vía poderosa para acceder a lo divino. Al usarlos con respeto e intención clara, el practicante comienza a transformar su realidad de dentro para fuera, experimentando una vida más alineada con la luz y la sabiduría de la creación. Los 72 Nombres de Dios son una de las herramientas más profundas y transformadoras de la Cabalá. No solo ofrecen una manera de conectarse directamente con energías espirituales elevadas, sino que también permiten que el practicante moldee su vida en alineación con el propósito divino. Al dominar las prácticas de meditación, visualización y oración con los Nombres, el lector estará apto para acceder a una fuente inagotable de sabiduría, cura y protección.

Capítulo 24
La Cabalá y el Futuro

La Cabalá, como tradición espiritual que busca la comprensión profunda de los misterios del universo, también ofrece visiones sobre el futuro de la humanidad y la evolución espiritual global. Desde la perspectiva cabalística, el futuro no se ve como algo fijo y predestinado, sino como un campo de posibilidades influenciado por acciones individuales y colectivas. La Cabalá sugiere que el destino de la humanidad está intrínsecamente ligado al proceso de corrección espiritual conocido como Tikún Olam, que significa "reparar el mundo". Este concepto central en la Cabalá afirma que cada ser humano desempeña un papel en la restauración de la armonía cósmica, elevando la conciencia y trayendo luz al mundo.

Una de las ideas fundamentales sobre el futuro, según se enseña en la Cabalá, es que el mundo está en un estado de constante transición entre oscuridad y luz, caos y orden, fragmentación y unidad. Este ciclo refleja la lucha entre las fuerzas opuestas que moldean la creación, algo que ya se ha discutido en el capítulo sobre la dualidad en el sistema cabalístico. Sin embargo, el objetivo final de la humanidad, según las enseñanzas cabalísticas, es alcanzar un estado de equilibrio, donde el caos y la oscuridad son superados por la luz y la armonía divina.

La Cabalá presenta un concepto de "días finales" o "fin de los tiempos", que no se refiere necesariamente a un apocalipsis o destrucción, sino a una transformación espiritual profunda. En el Zohar, el texto más importante de la Cabalá, hay pasajes que hablan sobre la llegada de una era de gran iluminación espiritual, en la que la verdad y el conocimiento divino serán revelados plenamente a la humanidad. Esta revelación será el clímax de milenios de búsqueda espiritual y corrección, en la que las almas finalmente alcanzarán un estado de unidad con el Creador.

En la visión cabalística, el tiempo no es lineal, sino cíclico. Esto significa que, en lugar de avanzar en línea recta hacia un fin definitivo, la historia y el tiempo se repiten en ciclos, cada vez trayendo nuevos niveles de comprensión y crecimiento espiritual. El ciclo actual, según algunos cabalistas, está en un momento crucial, donde la humanidad está a punto de dar un salto evolutivo en términos de conciencia espiritual. Este salto se describe como el surgimiento de una nueva era de sabiduría e iluminación, donde la separación entre lo divino y lo humano será finalmente disuelta.

Este período futuro se asocia a menudo con el concepto de "era mesiánica", un tiempo en el que la justicia, la paz y la armonía prevalecerán en el mundo. Sin embargo, la Cabalá enfatiza que el Mesías, o la era mesiánica, no depende solo de la llegada de un individuo o líder espiritual, sino que es el resultado de un esfuerzo colectivo de la humanidad para elevar su conciencia y realizar el Tikún Olam. Cada persona que trabaja para corregirse a sí misma y al mundo que la rodea está contribuyendo a la llegada de esta nueva era.

La Cabalá ve la evolución espiritual global como un proceso gradual y continuo, que involucra tanto a la humanidad como al universo en su totalidad. El universo se ve como un organismo vivo e interconectado, en el que cada acción, pensamiento e intención humana influye en el todo. La corrección espiritual, por lo tanto, no es un proceso aislado, sino que involucra la participación activa de todas las almas, tanto las encarnadas como las que ya han trascendido.

A medida que la humanidad avanza en su viaje espiritual, la Cabalá enseña que veremos una elevación colectiva de la conciencia. Las barreras que actualmente separan a las personas, como las diferencias culturales, religiosas e ideológicas, comenzarán a disolverse, y la percepción de que todos los seres humanos comparten una esencia divina común será más ampliamente reconocida. Este estado de unidad, o Ajdut, es uno de los principales objetivos de la Cabalá y del Tikún Olam.

Sin embargo, este progreso espiritual no ocurre sin desafíos. La Cabalá afirma que la oscuridad espiritual y las fuerzas del caos se intensifican a medida que nos acercamos a grandes saltos evolutivos. Estas fuerzas representan los aspectos no corregidos de la creación, partes del mundo que aún no han sido traídas a la luz. Así, la humanidad puede enfrentar períodos de gran turbulencia, tanto a nivel personal como global, antes de que la luz prevalezca.

Los 72 Nombres de Dios, presentados anteriormente, desempeñan un papel importante en el proceso de evolución espiritual descrito por la Cabalá. Estos Nombres son herramientas poderosas para acceder a las energías divinas que pueden acelerar el proceso de corrección tanto a nivel personal como global. A medida que la humanidad camina hacia una era de iluminación espiritual, los 72 Nombres seguirán siendo usados por los practicantes cabalistas para facilitar la curación, la protección y la transformación.

Cada Nombre es una llave que desbloquea diferentes aspectos de la realidad espiritual. A medida que más personas se conectan con estas energías y comienzan a usarlas conscientemente, la vibración colectiva del planeta se eleva. Esto no solo beneficia a los individuos, sino que también influye positivamente en el ambiente que los rodea, creando un efecto cascada de luz que puede alcanzar incluso a aquellos que no están directamente involucrados en las prácticas espirituales.

Un aspecto importante del futuro en la visión cabalística es el papel del libre albedrío. La Cabalá enseña que, aunque el destino espiritual final de la humanidad es la unión con el Creador, el camino para alcanzar este estado depende de las elecciones que hacemos a lo largo de nuestras vidas. El libre albedrío es lo que nos permite participar activamente en el proceso de Tikún Olam y en la corrección de nosotros mismos y del mundo. Cada elección que hacemos tiene el potencial de acercarnos o alejarnos de este objetivo final.

El Zohar enfatiza que, mientras haya oscuridad y caos en el mundo, los seres humanos continuarán enfrentando dilemas morales y espirituales. Estas elecciones son parte del proceso de crecimiento y evolución, pues es a través de la superación de desafíos y de la corrección de nuestros errores que crecemos espiritualmente. Así, el futuro de la humanidad, según la Cabalá, no es un destino fijo, sino algo que está siendo constantemente moldeado por las decisiones que tomamos individual y colectivamente.

La Cabalá no solo nos ofrece una visión del futuro, sino que también nos llama a la acción. Enseña que cada persona tiene el poder de influir en el futuro a través de sus acciones cotidianas. El concepto de Tikún Olam nos recuerda que no estamos pasivamente a merced de los eventos globales o cósmicos, sino que somos participantes activos en la creación de nuestro propio destino y en el destino del mundo.

Para la Cabalá, las prácticas espirituales, como la meditación, el estudio de los textos sagrados y el uso de los 72 Nombres de Dios, son herramientas poderosas para ayudar a crear un futuro de luz y armonía. Además, los actos de bondad, justicia y compasión se ven como expresiones tangibles de corrección espiritual, contribuyendo directamente a la construcción de un mundo mejor.

La acción individual, cuando se realiza con intención y conciencia, reverbera por toda la creación, influyendo no solo en el presente, sino también en las generaciones futuras. La Cabalá nos recuerda que, al corregirnos a nosotros mismos y a nuestro entorno inmediato, estamos, de hecho, participando en la creación de un futuro más iluminado para todos.

El futuro, según la Cabalá, es un viaje hacia la unidad espiritual y la corrección global. La humanidad está en un proceso continuo de evolución espiritual, donde cada acción, elección e intención influye en el destino colectivo. Aunque el camino puede ser desafiante, la Cabalá ofrece herramientas poderosas, como los 72 Nombres de Dios y el concepto de Tikún Olam, para ayudar a la humanidad a superar la oscuridad y avanzar hacia la luz.

Ahora que comprendemos la visión cabalística sobre el futuro de la humanidad y el concepto de Tikún Olam como un proceso de corrección global y espiritual, es hora de concentrarnos en cómo cada uno de nosotros puede participar activamente en la creación de ese futuro. La Cabalá no ve el destino como algo pasivo o predefinido; en cambio, nos invita a ser co-creadores, participantes conscientes en el proceso de evolución espiritual del universo. Las herramientas cabalísticas que hemos estudiado hasta ahora ofrecen una base sólida para iniciar este viaje.

La Cabalá enseña que el mundo físico es solo una manifestación de realidades espirituales más elevadas. Cada acción, pensamiento e intención que tenemos afecta no solo a nuestro mundo personal, sino también al mundo colectivo. Una de las enseñanzas centrales de la Cabalá es el poder de la conciencia. La conciencia, cuando se dirige correctamente, puede transformar tanto nuestra realidad interna como externa. Para la Cabalá, elevar la conciencia es el camino más directo para traer más luz al mundo y acelerar el proceso de Tikún Olam.

Cuando hablamos de "elevar la conciencia", nos referimos a la capacidad de percibir la interconexión de todas las cosas. La Cabalá nos enseña que todas las almas están conectadas, y que lo que afecta a una persona o a una parte de la creación afecta al todo. Cada pensamiento de bondad, cada intención de hacer el bien, genera ondas de energía que influyen en el campo espiritual colectivo. De la misma manera, cada elección basada en el egoísmo o la separación afecta negativamente el equilibrio espiritual del mundo.

Por eso, la práctica cabalística enfatiza la importancia de la auto-observación y de la intención consciente en nuestras acciones. Cuando hacemos una elección consciente para elevar nuestras acciones al nivel espiritual, ya sea a través de actos de bondad, meditación o estudio, estamos contribuyendo directamente al progreso espiritual colectivo. Esto es lo que la Cabalá describe como "traer luz al mundo". Con cada acto de luz, ayudamos a disipar las sombras de la oscuridad espiritual que aún rodean a la humanidad.

Existen varias prácticas espirituales cabalísticas que podemos incorporar en nuestras vidas diarias para participar activamente en el proceso de Tikún Olam. Estas prácticas no solo nos ayudan a evolucionar espiritualmente, sino que también crean un impacto positivo en el mundo que nos rodea. A continuación, exploramos algunas de estas prácticas y cómo aplicarlas.

Como vimos anteriormente, los 72 Nombres de Dios son una poderosa herramienta espiritual que puede ser usada para acceder a diferentes niveles de energía divina. La meditación con estos Nombres permite que el practicante se conecte directamente con la fuente creativa del universo, promoviendo la curación, la protección y la transformación espiritual. Cada Nombre es una llave para abrir portales espirituales que pueden traer más luz y armonía al mundo.

Para meditar con los 72 Nombres, el practicante debe primero elegir un Nombre específico que represente la energía o el propósito que desea manifestar, ya sea curación, sabiduría, protección o cualquier otra intención. Luego, visualiza las letras del Nombre en su mente, meditando sobre su significado y la energía que evoca. Durante esta meditación, es importante mantener una intención clara de cómo esta energía será usada para traer luz al mundo.

Esta práctica puede ser realizada diariamente o en momentos específicos de necesidad espiritual. El impacto de las meditaciones regulares con los 72 Nombres no solo beneficia al practicante, sino que también emana energías curativas al ambiente que lo rodea, contribuyendo a la elevación espiritual global.

La oración, en la Cabalá, es mucho más que una simple repetición de palabras; es una forma de alinear la voluntad humana con la voluntad divina. La oración consciente es aquella que se hace con una intención clara y concentrada, buscando no solo beneficios personales, sino también el bienestar colectivo. Al orar, especialmente con las palabras de los textos sagrados o Salmos, creamos un puente entre el mundo físico y el espiritual, permitiendo que las energías divinas fluyan más libremente.

La Cabalá sugiere que al orar por otras personas, por la paz en el mundo o por la corrección de las fallas espirituales, estamos realizando Tikún Olam. Esta práctica refuerza el concepto cabalístico de que la individualidad está conectada con el colectivo, y que al corregir una parte, contribuimos a la corrección del todo.

Además de las prácticas meditativas y las oraciones, la Cabalá da gran énfasis a la acción en el mundo material como una forma de transformación espiritual. Los actos de bondad, o Jesed, se ven como una expresión directa de la energía divina de amor y misericordia. Siempre que practicamos un acto de generosidad, ayudando a otra persona o contribuyendo al bienestar de nuestro entorno, estamos actuando como canales para la luz divina.

Estos actos de bondad pueden ser simples, como ofrecer ayuda a alguien en necesidad o realizar acciones voluntarias en pro de una causa mayor, pero su impacto espiritual es profundo. La Cabalá enseña que cada acto de Jesed que realizamos genera luz en el mundo, ayudando a equilibrar las energías y a curar la oscuridad espiritual que aún existe.

El estudio continuo de las enseñanzas cabalísticas también es una forma de participar en el proceso de corrección espiritual. Al dedicarnos al estudio, especialmente de textos como el Zohar y el Sefer Yetzirá, no solo estamos expandiendo nuestra propia comprensión espiritual, sino también contribuyendo al despertar colectivo. La sabiduría contenida en estos textos nos enseña sobre las leyes espirituales que gobiernan el universo, y cómo podemos vivir de acuerdo con estas leyes para traer más luz y equilibrio al mundo.

La Cabalá ve el estudio como una forma de meditación activa. Cuando estudiamos con intención y profundidad, nos conectamos con las energías espirituales contenidas en las palabras y despertamos partes más elevadas de nuestra propia alma. El conocimiento que adquirimos, a su vez, puede ser aplicado en nuestras vidas diarias, permitiéndonos actuar de forma más consciente y espiritualizada.

Uno de los mensajes más poderosos de la Cabalá sobre el futuro es la idea de que el destino del mundo depende del esfuerzo colectivo. Cada alma desempeña un papel único en el proceso de corrección, y cuanto más personas se involucren conscientemente en este proceso, más rápidamente el mundo alcanzará un estado de armonía y paz.

La Cabalá nos enseña que hay una interdependencia entre todas las almas. Cuando un alma se eleva, eleva a otras a su alrededor. Esto significa que, incluso pequeños actos de bondad o momentos de introspección espiritual pueden tener efectos mucho mayores de lo que imaginamos. De la misma manera, cuando una persona trabaja para corregir sus fallas espirituales, contribuye a la corrección de toda la humanidad. Este entendimiento nos da una nueva perspectiva sobre la importancia de nuestras acciones cotidianas, reforzando la noción de que cada elección que hacemos tiene repercusiones espirituales profundas.

La visión cabalística del futuro es profundamente optimista. Aunque la humanidad enfrente desafíos espirituales y morales, la Cabalá cree firmemente que el destino final del mundo es la unidad con el Creador. Esta unidad no significa una uniformidad, sino una integración armoniosa de las diferencias y singularidades de cada alma, donde todas las partes de la creación coexisten en paz y equilibrio.

El proceso de Tikún Olam es el camino para alcanzar esta unidad. A través de la práctica espiritual, de la elevación de la conciencia y de actos de bondad, la humanidad gradualmente corrige las fallas que la separaron de la fuente divina. La Cabalá ve este proceso como inevitable, aunque su aceleración dependa de las elecciones que hacemos como individuos y como colectividad.

El futuro, según lo revelado por la Cabalá, es un viaje colectivo hacia la iluminación espiritual y la corrección del mundo. Cada uno de nosotros tiene la responsabilidad y el privilegio de participar activamente en este proceso, ya sea a través de prácticas meditativas, actos de bondad o estudio espiritual. La Cabalá nos ofrece las herramientas y el mapa para realizar este futuro, y depende de cada uno de nosotros decidir cómo usarlas.

A medida que avanzamos en este viaje, es esencial recordar que el proceso de Tikún Olam es un camino continuo, donde cada paso cuenta.

Capítulo 25
La Jornada Cabalística

A medida que nos acercamos al final de este libro, es importante hacer una pausa y reflexionar sobre la profundidad de la jornada que hemos recorrido hasta aquí. Desde los primeros pasos en la comprensión de los fundamentos de la Cabalá hasta las enseñanzas más complejas sobre la interacción entre lo humano y lo divino, hemos sido invitados a explorar un camino espiritual que, en su esencia, busca no solo explicar el universo, sino transformar profundamente nuestra relación con él. La Cabalá no es solo una teoría esotérica; es una práctica viva, un sistema de autoconocimiento y elevación espiritual que abarca todos los aspectos de la existencia. A lo largo de los capítulos, descubrimos que el conocimiento cabalístico se despliega en múltiples capas, ofreciendo no solo explicaciones sobre la naturaleza del cosmos, sino también herramientas prácticas para la introspección, la sanación y la transformación interior.

El Árbol de la Vida y el Proceso de Autoconocimiento

Uno de los primeros conceptos centrales que exploramos fue el Árbol de la Vida, con sus diez Sefirot. El Árbol de la Vida sirve como un mapa tanto del universo como de la psique humana. Cada Sefirá representa un aspecto de la creación y, al mismo tiempo, una faceta del alma. Al comprender la interconexión entre estos diferentes aspectos, comenzamos a ver el universo como una red de energías, donde lo divino y lo humano coexisten e interactúan de forma continua. Esta estructura no es solo teórica. Para el cabalista, el Árbol de la Vida es una herramienta para el autoconocimiento. Cuando meditamos sobre las Sefirot, aprendemos a identificar dónde nuestras propias energías están bloqueadas o desequilibradas. Por ejemplo, podemos percibir que nuestra Chesed (bondad) es abundante, pero no equilibrada por Gevurá (disciplina). O podemos descubrir que nuestra Keter (corona, conexión con lo divino) está oscurecida por preocupaciones materiales, impidiéndonos alcanzar un nivel más elevado de comprensión espiritual. La belleza de la Cabalá reside en su practicidad. El Árbol de la Vida no es un concepto abstracto, sino una estructura que nos invita a aplicar su equilibrio en nuestras vidas cotidianas. Cada Sefirá tiene su expresión en la forma en que interactuamos con el mundo y con los demás. Cuando vivimos conscientemente dentro de esta estructura, alineamos nuestra propia existencia con el orden cósmico, permitiendo que las energías divinas fluyan más libremente a través de nosotros.

Otro concepto fundamental que exploramos fue el de la dualidad en el sistema cabalístico. Luz y oscuridad, masculino y femenino, bien y mal – estas polaridades están presentes en todos los niveles de la creación. La Cabalá enseña que la creación es el resultado de la tensión entre estas fuerzas opuestas. Sin oscuridad, la luz no puede ser reconocida; sin el mal, el libre albedrío y el crecimiento espiritual no tendrían propósito. Sin embargo, la dualidad no es el objetivo final. El verdadero objetivo es la unidad – la integración de las fuerzas opuestas en armonía. La jornada cabalística es, por lo tanto, una jornada de integración, donde aprendemos a reconocer y equilibrar las tensiones en nuestras propias vidas. A menudo, nos vemos luchando con fuerzas opuestas dentro de nosotros – el deseo material contra el deseo espiritual, el egoísmo contra el altruismo. La Cabalá nos enseña a acoger estas tensiones como parte esencial de la experiencia humana, pero también nos orienta sobre cómo trascenderlas, integrando estas fuerzas para alcanzar la unidad interior. La práctica cabalística implica trabajar con estas polaridades de forma consciente, equilibrando nuestras inclinaciones y aprendiendo a ver la interconexión entre todas las cosas. Este es un proceso continuo, pues la creación y la corrección nunca están completas. El trabajo espiritual es un ciclo constante de creación, destrucción y renovación, tanto en nuestras vidas individuales como en el mundo como un todo.

Otra enseñanza poderosa de la Cabalá es que el ser humano no es solo un testigo pasivo del proceso cósmico. Por el contrario, somos co-creadores, participantes activos en la manifestación de la realidad. El concepto de Tikun Olam, o la corrección del mundo, refuerza esta idea. El mundo no está completo; está en constante evolución, y cada uno de nosotros tiene un papel que desempeñar en este proceso de corrección y perfeccionamiento. Las prácticas espirituales que exploramos a lo largo de este libro — meditaciones, oraciones, actos de bondad — son todas formas de co-creación. Cada acción que realizamos con intención espiritual, cada pensamiento elevado y cada elección consciente que hacemos, impacta no solo nuestra vida, sino el universo como un todo. La Cabalá nos recuerda constantemente que somos responsables por nuestra propia evolución y por el estado del mundo a nuestro alrededor. Esta responsabilidad puede parecer abrumadora, pero también es una fuente profunda de poder y empoderamiento. Saber que nuestras elecciones tienen un impacto real nos ofrece una oportunidad única de vivir con propósito. A cada momento, tenemos la oportunidad de elegir la luz sobre la oscuridad, la unidad sobre la separación, la bondad sobre el egoísmo. Y cada una de esas elecciones contribuye al Tikun Olam, acelerando el proceso de corrección global.

El estudio de la Cabalá no se limita a una acumulación intelectual de informaciones. Desde los primeros capítulos, enfatizamos que el conocimiento cabalístico es transformador. A medida que comprendemos las leyes espirituales que gobiernan el universo, comenzamos a ver nuestras propias vidas bajo una nueva luz. Los desafíos que enfrentamos ganan un significado más profundo, y las bendiciones que recibimos son vistas como parte de un flujo continuo de energía divina. La transformación ocurre cuando aplicamos el conocimiento cabalístico en nuestras vidas diarias. Esto significa que la jornada espiritual no es algo separado de nuestras experiencias cotidianas, sino que está íntimamente ligada a ellas. Al aplicar las enseñanzas sobre las Sefirot, los Nombres Divinos y la meditación, comenzamos a moldear nuestras vidas de acuerdo con los principios espirituales. Este proceso de transformación es gradual y continuo, pero sus efectos son profundos. Para muchos, el estudio de la Cabalá es el inicio de un camino sin fin. A cada capa de conocimiento que desvelamos, encontramos nuevos misterios y nuevas oportunidades para el crecimiento espiritual. La Cabalá nos invita a convertirnos en eternos estudiantes, siempre buscando la próxima revelación, siempre abiertos a la transformación.

Es importante recordar que, aunque la jornada espiritual sea profundamente personal, nunca ocurre de forma aislada. Como vimos, todas las almas están conectadas, y cada acción individual tiene repercusiones en el colectivo. La Cabalá nos enseña que el destino de la humanidad está entrelazado, y que el progreso espiritual de un único individuo puede elevar todo el campo de conciencia global. Por eso, la práctica espiritual también implica un compromiso con los demás. La Cabalá valora profundamente la comunidad, el acto de dar, y el reconocimiento de que nuestra propia evolución está directamente ligada a la evolución de aquellos a nuestro alrededor. Así, la jornada espiritual no es solo sobre nuestra propia iluminación, sino sobre cómo podemos contribuir a la iluminación del mundo.

A medida que nos acercamos al final de esta jornada, es esencial reconocer que la Cabalá no ofrece un fin estático. Ella es un camino vivo, en constante movimiento, y aquellos que se comprometen con sus enseñanzas descubren que siempre hay más que aprender, más que experimentar y más que transformar. Comprender la jornada cabalística es más que un ejercicio intelectual o teórico. Se trata de una transformación espiritual continua que nos desafía a profundizar en cada aspecto de nuestra existencia y conexión con lo divino. A medida que consolidamos nuestro aprendizaje e integramos las enseñanzas adquiridas a lo largo de esta obra, es importante destacar cómo esta sabiduría puede continuar moldeando e iluminando nuestras vidas, independientemente de los desafíos que encontremos en el camino. La Cabalá, como vimos, ofrece no solo un entendimiento sobre la creación, las fuerzas cósmicas y la naturaleza de la realidad, sino también un conjunto de herramientas prácticas que pueden ser aplicadas diariamente. Estas enseñanzas nos capacitan para actuar como co-creadores en el universo y nos ayudan a equilibrar nuestras fuerzas internas y externas, siempre con el objetivo de alcanzar una mayor unidad y armonía, tanto a nivel personal como colectivo.

Para seguir con éxito en el camino cabalístico, una práctica espiritual diaria es esencial. Esto no implica que todos deban seguir las mismas rutinas, sino que cada individuo desarrolle un sistema que resuene con sus necesidades espirituales y su nivel de entendimiento. Meditación en las Sefirot: Una práctica poderosa y transformadora es la meditación en las Sefirot del Árbol de la Vida. Esto puede ser hecho diariamente, concentrándose en una Sefirá a la vez. A través de la visualización, introspección y contemplación, podemos equilibrar las energías asociadas a cada una de las emanaciones divinas, alineando nuestras acciones con el flujo espiritual del universo. Esta práctica ayuda a identificar áreas de desequilibrio y a traer sanación y armonía para nuestra vida personal y colectiva. Estudio Continuo: La Cabalá es un estudio sin fin. El Zohar, el Sefer Yetzirah y otros textos cabalísticos contienen capas de sabiduría que pueden ser descubiertas a lo largo de una vida entera. Reservar tiempo para la lectura y contemplación de estos textos sagrados no solo aumenta nuestro conocimiento, sino que nos conecta directamente con la energía espiritual que fluye a través de estas enseñanzas. Guematria y Significados Ocultos: La práctica de la Guematria, el estudio numérico de las letras hebreas, también puede ser una herramienta práctica para iluminar aspectos ocultos de la vida. El análisis de palabras, nombres y eventos a la luz de la numerología cabalística revela patrones y significados ocultos, permitiéndonos ver más allá de la superficie y captar la profundidad espiritual de la realidad. Uso de los Nombres Divinos: Trabajar con los Nombres Divinos es una práctica central en la Cabalá. Estos nombres, como el Tetragrámaton (YHVH), poseen energías específicas que pueden ser invocadas para meditación, sanación y protección. Aprender a utilizarlos de forma consciente, sea por medio de oración o meditación, nos da acceso a niveles más profundos de conexión con lo divino y con los poderes de la creación. Tikun Olam: El concepto de Tikun Olam no debe ser olvidado en la práctica cotidiana. Al hacer elecciones que sanan el mundo, sea por medio de actos de bondad, justicia o elevación espiritual, contribuimos directamente a la corrección del universo. Pequeños gestos de altruismo, honestidad y empatía resuenan en el campo espiritual global, acelerando el proceso de redención y transformación.

Después de absorber los fundamentos de la Cabalá, muchos se preguntan: "¿Qué viene a continuación?" El próximo paso es desarrollar una independencia espiritual que permita al practicante navegar por las enseñanzas y prácticas de la Cabalá de forma autónoma. Esto significa construir una rutina espiritual sólida y adaptable, ajustándose conforme a las necesidades del alma y las circunstancias de la vida cambian. Para ello, se recomienda la continuidad en algunos pilares fundamentales: Estudio Regular: Nunca dejar de estudiar. La práctica cabalística se basa en la constante búsqueda del conocimiento. Nuevas interpretaciones y niveles de entendimiento están siempre al alcance de aquellos que se dedican al estudio constante.

Además, el acto de estudiar en sí eleva el alma y nos conecta con la sabiduría divina. Comunidad Espiritual: Aunque la jornada espiritual sea individual, la Cabalá valora mucho la interacción dentro de una comunidad. Intercambiar ideas, compartir experiencias y estudiar en grupo puede traer nuevas perspectivas y fortalecer el camino espiritual de todos. La conexión con otros que también siguen el camino cabalístico es una poderosa forma de apoyo y crecimiento. Autocorrección y Reflexión Continua: La práctica de la introspección regular es vital para el progreso espiritual. Reservar momentos para evaluar pensamientos, acciones e intenciones nos mantiene en el camino de la rectificación personal. La autocorrección es un proceso constante en la jornada cabalística, donde aprendemos a reconocer nuestras fallas, aceptar la responsabilidad por ellas y buscar mejorar constantemente. Conexión con lo Divino: La meditación y la oración son las principales formas de conexión con las energías superiores. Reservar tiempo diariamente para conectarse con lo divino es esencial para mantener viva la llama espiritual que guía el camino cabalístico. Cada plegaria, cada momento de contemplación, sirve como un recordatorio de que estamos en una asociación divina, co-creando la realidad a cada instante.

Además de las prácticas mencionadas, la expansión del conocimiento de la Cabalá a través de otras fuentes y maestros también es recomendada. Libros, clases y seminarios conducidos por estudiosos de la Cabalá pueden ofrecer nuevos horizontes y profundizar aún más el entendimiento de lo que ya fue aprendido. El estudio de la Cabalá no es fijo ni estático; evoluciona con el practicante y ofrece continuamente nuevos niveles de comprensión.

La exploración de nuevos temas dentro de la Cabalá, como la astrología cabalística, la relación con la sanación espiritual y la profundización en las prácticas meditativas con los 72 Nombres de Dios, puede abrir nuevas puertas para la expansión del alma. El universo cabalístico es vasto y multifacético, y cada individuo encontrará su propio camino de exploración y expansión dentro de este sistema sagrado. La Cabalá nos enseña que el tiempo no es lineal, sino cíclico. Las fiestas judías, los ritmos de la naturaleza y los ciclos del alma están todos interconectados, y reconocer estos ciclos en nuestras propias vidas es fundamental para vivir de acuerdo con el flujo divino. Cada fase de nuestra vida — sea de crecimiento, estancamiento o renovación — tiene su papel dentro del contexto espiritual. Aprender a alinearse con estos ciclos nos permite fluir de forma más armoniosa con el universo. La Cabalá sugiere que nos sintonicemos con las energías de los ciclos cósmicos, especialmente a través de la observancia y celebración de las fiestas judías, que son portales espirituales para la renovación y corrección personal. Entender las energías de cada estación y fiesta, y cómo se aplican a nuestra propia jornada espiritual, puede ser una fuente continua de orientación e inspiración.

Al consolidar todo el aprendizaje adquirido en esta obra, es esencial recordar que la Cabalá no es un destino final, sino un proceso continuo de búsqueda, descubrimiento y corrección. Cada enseñanza que exploramos a lo largo de este libro – de las Sefirot a la Guematria, de los Nombres Divinos a la integración del ego – debe ser aplicado como una brújula que guía nuestra vida espiritual. Sin embargo, cada individuo es responsable de continuar la jornada por cuenta propia. La Cabalá no impone dogmas fijos o absolutos; en cambio, ofrece herramientas para que cada alma busque su propia conexión con lo divino, de manera única y personal. Este libro fue solo el inicio de una jornada espiritual que puede durar una vida entera, o más. Cada paso en el camino cabalístico nos acerca al autoconocimiento, a la unidad con lo divino y a la contribución activa para la corrección del mundo. A medida que el lector avanza, surgirán nuevos desafíos, pero también nuevas revelaciones y momentos de profunda conexión espiritual. Que este sea solo el primero de muchos pasos en su jornada cabalística. El conocimiento y las prácticas aquí compartidas son semillas que, al ser cultivadas con dedicación y amor, florecerán en sabiduría, transformación y luz. Que su jornada esté llena de descubrimiento, crecimiento y elevación espiritual continua.

Epílogo

Al final de esta jornada, usted ya no es el mismo. Los secretos revelados por la Cabalá resuenan en su mente y en su corazón, y ahora, lo que queda es una elección: ¿cómo integrará este conocimiento en su vida cotidiana? Cada concepto, cada visión explorada a lo largo de estas páginas, fue una invitación a la transformación. El Tikun Olam — la corrección del mundo — comienza con su propia transformación. El entendimiento de los mundos espirituales, de las Sefirot, de los nombres divinos y de las fuerzas que mueven el universo ahora forma parte de usted. La Cabalá nos enseña que nada es estático. La creación es un flujo constante, y usted, como ser humano, es un co-creador en este proceso. Con cada acción, usted contribuye al equilibrio o al caos, a la luz o a la oscuridad. Pero no hay dualidad irreconciliable. El bien y el mal, la luz y la sombra, todo forma parte del mismo todo. La verdadera sabiduría está en comprender cómo estas fuerzas se entrelazan y, a partir de ese entendimiento, actuar para restaurar la armonía. Ahora, ¿qué hará con este conocimiento? La práctica cabalística no es algo que se cierra con la última página de este libro. Es un sendero que se despliega infinitamente frente a usted. El mundo a su alrededor es el escenario donde puede aplicar todo lo que aprendió. Cada decisión que tome, cada palabra que diga, será una oportunidad de alinearse con las fuerzas divinas, de manifestar lo que es justo, bello y verdadero.

La Cabalá le enseñó que cada uno de nosotros carga una chispa divina, y que esa chispa busca siempre retornar a su fuente. Su vida, con todas sus alegrías y desafíos, es el campo donde esa chispa puede brillar, donde usted puede contribuir a la gran obra de reparación del mundo. No hay acto pequeño de más. Un simple gesto de bondad, una palabra de compasión, una reflexión consciente pueden ser lo que falta para que las fuerzas del universo se realineen de forma más armoniosa. Pero recuerde: este camino es continuo. Lo que aprendió aquí es solo el inicio. La sabiduría de la Cabalá es un océano vasto, y usted apenas comenzó a navegar por sus aguas.

Continúe explorando, continúe profundizando, porque las capas de conocimiento son infinitas. Cada nuevo descubrimiento será una nueva puerta para dimensiones de entendimiento que, por ahora, son inimaginables. Este no es el fin de la jornada, sino el comienzo de una vida de conciencia. La Cabalá ahora forma parte de usted, una herramienta viva que lo guiará en cada paso de aquí en adelante. Al mirar hacia el futuro, véalo como una oportunidad de continuar creciendo, de continuar transformándose, de continuar buscando la unidad perdida, no solo en usted, sino en todo a su alrededor. Usted está listo para vivir con más presencia, más significado y más propósito. El mundo necesita de su luz. Que usted continúe transitando este camino de sabiduría y que, con cada paso, contribuya a un universo más armonioso e iluminado. La jornada continúa.

www.ingramcontent.com/pod-product-compliance
Lightning Source LLC
LaVergne TN
LVHW040135080526
838202LV00042B/2911